Baustelle Parlament

Warum die österreichische Verfassung für das 21. Jahrhundert nicht geeignet ist

Hubert Thurnhofer
2020

Lektorat: Eugen Maria Schulak
Covergestaltung: Ekaterina Lengerova
mit einem Foto des Autors

Herstellung und Verlag:
BoD – Books on Demand, Norderstedt
ISBN 9 783750 441576

Inhalt

Prolog   4

Die Verfassung in schlechter Verfassung   8
Artikel 1 bis 9a

Beamtenstaat im Geiste Kakaniens   17
1862, 1867, 1988 und Artikel 10 bis 13 sowie 24 bis 49

Unsere Verfassung kennt keine Bildung   27
Artikel 14, 14a und eine Auswahl von 14b bis 23k

Das freie Mandat   35
Der Souverän (Artikel 56) und die Regierung (Artikel 19)

Staatsvertrag und Neutralität   45
Österreichs Demokratie ist völkerrechtlich verankert

Die Todesstrafe als Bruchlinie   50
Artikel 85, Menschenrechtskonvention
und Charta der Grundrechte

Finanzkapitalismus unterwandert die Demokratie   53
Artikel 50, 50a bis 50d

Kann die Verfassung das Bargeld retten?   64
„Die Verwendung von Bargeld unterliegt
keinen Einschränkungen"

Die Bevorzugung des ORF ist verfassungswidrig   68
Rundfunkgesetz und Artikel 11 Charta der Grundrechte

Der Rest ist Bürokratismus   75
Drittes bis Neuntes Hauptstück des B-VG

Ein kleiner Ausflug in die Schweiz   84
Und: der Gesellschaftsvertrag von Jean-Jacques Rousseau

Epilog   96

Literatur   102

Prolog

Im Mai 2019 feierte Deutschland 70 Jahre Grundgesetz. Und Deutschland hatte jeden Grund dazu. Denn das nach Ende des nationalsozialistischen Regimes völlig neu konzipierte Werk ist verständlich und schlüssig formuliert, beginnt mit der Auflistung der Grundrechte, die sich an der UNO-Menschenrechtsdeklaration orientieren und ist in den Verwaltungsbestimmungen präzise wie zukunftsorientiert.

Im Jahr 2020 feiert Österreich 100 Jahre Verfassung und man muss sich ernsthaft fragen, ob das ein Grund zum Feiern ist. Das Bundesverfassungsgesetz (B-VG) war nach Abschaffung der k.u.k.-Monarchie darauf angelegt, die noch junge Demokratie durch einen starken Beamtenapparat zu stützen. Grundrechte und Grundwerte kommen im sogenannten „Nebenverfassungsrecht" vor. Das beginnt mit dem Staatsgrundgesetz von 1867 über die allgemeinen Rechte der Staatsbürger (von Österreich-Ungarn) und führt über ein paar willkürlich eingestreute Werte-Appelle im Hauptteil des B-VG bis zur Charta der Grundrechte der Europäischen Union (2009). 1945 waren die Politiker Österreichs offenbar der Meinung, man könne fünf Jahre Austrofaschismus und sieben Jahre Nazi-Diktatur aus der Geschichte des Landes streichen und dort weitermachen, wo der Rechtsgelehrte Hans Kelsen 1920 aufgehört hat.

Im Mai 2019 zog durch Deutschland eine Euphorie. Der Hamburger Journalist und Verleger Oliver Wurm hat nach einer Startauflage von 100.000 Stück noch drei Neuauflagen des Grundgesetzes in Form eines Hochglanzmagazins auf den Markt gebracht. Tausende parteiübergreifende Festreden im ganzen Land trugen zur Popularisierung des Grundgesetzes bei.

Zur gleichen Zeit bekundet der österreichische Bundespräsident Alexander Van der Bellen (VdB) seine Euphorie für Österreichs Verfassung: „Gerade in Zeiten wie diesen, zeigt sich die Eleganz, ja die Schönheit unserer österreichischen Bundesverfassung. Jeder Schritt, der jetzt getan wird, ist vorgesehen und in der Verfassung verankert. Ich achte dabei penibel auf die Einhaltung jedes einzelnen Details. Es ist mein zentrales Bestreben, dass nun ausschließlich im Interesse und zum Wohle der Republik gehandelt wird. Alles, was in den vergangenen Stunden getan wurde und im weiteren Verlaufe des Überganges getan wird, hat der Aufrechterhaltung der Stabilität und Funktionsfähigkeit unseres Staates zu dienen" (VdB am 21. Mai 2019 anlässlich der Amtsenthebung der FPÖ-Minister).

Grund für diese Verfassungs-Euphorie des Bundespräsidenten war aber nicht eine Reform des behäbigen, durch hunderte parteipolitische Interventionen zusammengeschusterten Flickwerks, sondern die elegante Absetzung eines ihm unliebsamen Ministers. Nach dem Rücktritt des FP-Vizekanzlers H.C. Strache (Ibiza-Affäre) musste auch noch der Kopf des FP-Innenministers Herbert Kickl rollen. Dass er damit eine Lawine auslöste, hat der Bundespräsident höchst wahrscheinlich nicht beabsichtigt.

Nach Kickls Absetzung reichten alle FP-Minister aus Protest ihren Rücktritt ein. Bereits einen Tag nach dem kollektiven Rücktritt konnte der Präsident neue Minister angeloben. Die Notwendigkeit dieser Horuck-Aktion kann bezweifelt werden, denn die Verfassung kennt beim Ausscheiden von Ministern eine Stellvertreter-Regelung (Artikel 71). Zu diesem Zeitpunkt war noch nicht absehbar (aber auch nicht auszuschließen), dass ein paar Tage später die gesamte Regierung durch einen Misstrauensantrag (Artikel 74) gestürzt werden könnte. Doch genau so war es dann.

Erstmals in der Geschichte der 2. Republik musste die gesamte Regierung inklusive der Drei-Tages-Minister vom Bundespräsidenten ausgetauscht werden. Nach wenigen Tagen konnte der Präsident – natürlich verfassungskonform – eine Expertenregierung vereidigen. Der Begriff „Expertenregierung" lässt die Frage aufkommen, ob die Jahre und Jahrzehnte davor keine Experten zum Wohle des Volkes in Regierungsfunktionen waren. Aber das ist eine andere Frage.

Im Zentrum dieses Buches steht die grundsätzliche Frage: Was ist der Sinn und Zweck unserer Verfassung?

Kann es Sinn einer Verfassung sein, dass sie nur hundert oder bestenfalls tausend Verfassungsexperten des Landes verstehen und richtig auslegen können? Wie kann der Zweck einer Verfassung, Fundament der Bundesgesetze zu sein, erfüllt werden, wenn sogar die Mehrheit der Nationalratsabgeordneten diese Verfassung nicht gelesen hat? Wie kann eine Verfassung Grundlage unserer Demokratie und einer aufgeklärten Bevölkerung sein, wenn die Österreicher zur Unmündigkeit erzogen werden, indem ihnen suggeriert wird, sie seien gar nicht imstande dieses Werk zu verstehen, folglich auch nicht berechtigt es zu beurteilen? Diese und viele weitere Fragen stellen sich anlässlich des 100-Jahr-Jubiläums der österreichischen Verfassung, die am   1. Oktober 1920 von der konstituierenden Nationalversammlung in dritter Lesung angenommen wurde.

Das vorliegende Buch enthält zahlreiche Kommentare des Autors, kann aber auch als *Einführung in das B-VG* gelesen werden, *wenn man nur die ausgewählten, kursiv geschriebenen Verfassungsartikel liest* und alle Kommentare und Kritiken ausblendet. Der Leser erhält hier einen Überblick über alle Themen der Verfassung, die gesellschaftspolitisch von Relevanz sind und kann sich damit eine eigene Meinung über Form und Inhalt des B-VG bilden; und auch darüber, was nicht Inhalt der Verfassung ist.

Nicht zuletzt sollte das vorliegende Buch eine Diskussionsgrundlage sein für all jene, die sich mit Rechtsphilosophie beschäftigen wollen, also für alle Bundes- und Landesbürger, einfach gesagt: für alle Menschen dieses Landes ab 15 Jahren! Denn ab 16 sind die Österreicher und Österreicherinnen wahlberechtigt.

Wer bislang der Meinung war, Philosophie habe nichts mit dem Leben und den täglichen Problemen unserer Zeit zu tun, noch weniger als die Rechtswissenschaft, dem möchte ich vorab mein Verständnis von Philosophie vermitteln: Philosophie ist zum einen eine Lebensform und zum anderen eine besondere Form Fragen zu stellen. Meiner Überzeugung nach kommt jeder Mensch als Philosoph zur Welt, was allein die Tatsache beweist, dass jedes Kind, kaum dass es sprechen kann, ständig die Frage „warum?" stellt. Doch die meisten Eltern halten diese Fragen, die manchmal ihre eigene Weltanschauung fundamental und ihre Lebensweise existenziell in Frage stellen, nicht sehr lange aus. Früher oder später folgt der infantophobe Imperativ: Hör endlich auf zu fragen! (Man könnte dies auch als schlimmste ungsunde Watschn bezeichnen, die man einem Kind verpassen kann, aber das klingt nicht so gelehrt.) Nur wenige ignorieren diesen Imperativ und bleiben Kinder, also Philosophen.

Hinweis für Jäger des unbemerkten Tippfehlers: Zitate aus Büchern vor der Rechtschreibreform wurden in alter Schreibweise übernommen.

Gender-Hinweis: die Gleichbehandlung der Abgeordneten mit dem Abgeordneten setze ich voraus.

Die Verfassung in schlechter Verfassung
Artikel 1-9a B-VG

Vielgerühmtes, vielgeprüftes, vielgeliebtes Österreich! Als Bürger dieses Landes bin ich der Überzeugung, dass ich nicht nur unsere Bundeshymne, sondern auch unsere Verfassung kennen sollte. Nun legt das Bundes-Verfassungsgesetz (B-VG) mit Nebenverfassungsrecht bei einem Umfang von 550 Seiten (621 Seiten inklusive Sachregister, Ausgabe MANZ'sche Verlagsbuchhandlung, 2014) die Vermutung nahe, dessen Lektüre sei nur für Experten geeignet. Vermutlich unterschreibt die absolute Mehrheit der Österreicher diese Vermutung. Doch als Bürger dieses Landes möchte ich mich nicht mit Vermutungen abspeisen lassen, sondern habe mich der Lektüre hingegeben. Naja, sagen wir ausgeliefert. Meine Diagnose (ich weiß, mangels rechtswissenschaftlicher Ausbildung ist sie naiv): Unsere Verfassung ist in einer schlechten, ja sogar bedauerlichen Verfassung!

Das VOLK kommt im B-VG nur zwei Mal vor: in Artikel 1 und 91, das BUNDESVOLK erhält seinen Platz in den Artikeln 44 und 60.

Artikel 1. Österreich ist eine demokratische Republik. Ihr Recht geht vom Volk aus.

Artikel 91. (1) Das Volk hat an der Rechtsprechung mitzuwirken.

Artikel 44. (3) Jede Gesamtänderung der Bundesverfassung ... ist nach Beendigung des Verfahrens gemäß Art. 42, jedoch vor der Beurkundung durch den Bundespräsidenten, einer Abstimmung des gesamten Bundesvolkes zu unterziehen.

Artikel 60. (1) Der Bundespräsident wird vom Bundesvolk auf Grund des gleichen, unmittelbaren, persönlichen, freien und geheimen Wahlrechtes der zum Nationalrat wahlberechtigten Männer und Frauen gewählt; stellt sich nur ein Wahlwerber der Wahl, so ist die Wahl in Form einer Abstimmung durchzuführen. Art. 26 Abs. 5 bis 8 ist sinngemäß anzuwenden.

Wenn das Recht vom Volk aus geht, so stellt sich die Frage: wo kehrt es danach ein? Die Antwort lautet: im Staatsapparat. Anders gesagt: das Recht geht vom Volk aus und ist dann ausschließlich im Staatsapparat zuhause! Schon ab Artikel 2 (die meisten Artikel sind in viele Absätze gegliedert) erfährt das Volk, dass es im B-VG um den Staatsapparat, seine Institutionen und Bediensteten geht.

Artikel 2. (1) Österreich ist ein Bundesstaat. (2) Der Bundesstaat wird gebildet aus den selbständigen Ländern: Burgenland, Kärnten, Niederösterreich, Oberösterreich, Salzburg, Steiermark, Tirol, Vorarlberg, Wien. (3) Änderungen im Bestand der Länder oder eine Einschränkung der in diesem Absatz und in Art. 3 vorgesehenen Mitwirkung der Länder bedürfen auch verfassungsgesetzlicher Regelungen der Länder.

Artikel 3. (1) Das Bundesgebiet umfasst die Gebiete der Bundesländer. (2) Staatsverträge, mit denen die Bundesgrenzen geändert werden, dürfen nur mit Zustimmung der betroffenen Länder abgeschlossen werden. (3) Grenzänderungen innerhalb des Bundesgebietes bedürfen übereinstimmender Gesetze des Bundes und der betroffenen Länder. Für Grenzbereinigungen innerhalb des Bundesgebietes genügen übereinstimmende Gesetze der betroffenen Länder. (4) Sofern es sich nicht um Grenzbereinigungen handelt, bedürfen Beschlüsse des Nationalrates über Grenzänderungen gemäß Abs. 2 und 3 der Anwesenheit von mindestens der Hälfte der Mitglieder und einer Mehrheit von zwei Dritteln der abgegebenen Stimmen.

Schon in den Artikeln 2 und 3 spiegelt sich der Zeitgeist nach dem Ende einer Epoche, die Robert Musil Kakanien nannte. Hier geht es darum, Maßnahmen zu setzen, damit sich die Jahrhunderte alten Usancen der europäischen Adelsdynastien nicht mehr wiederholen. Denn in der rund 1000-jährigen Geschichte Österreichs bis 1918 war es üblich, dass Herzog- und Fürstentümer Gebietsansprüche am Schlachtfeld anmeldeten und über anschließende Friedens-verträge regelten. Auch Schenkungen oder Gebiets-verschiebungen durch Erbschaften waren an der

Tagesordnung. So übergab Kaiser Otto II im Frühjahr 976 „den spärlich besiedelten Landstrich, den man in den offiziellen Urkunden immer noch 'Awarenland', 'Orientalische Mark' oder einfach 'Östliche Gegend' (nicht aber, wie erst ab dem 19. Jahrhundert, 'Ostmark') genannt hatte einem an seinem Hof anscheinend bereits als fähigen und treuen Anhänger geführten Grafen Luitpold. Damit begann die eigentliche Geschichte Österreichs. ... Markgraf Luitpold, der erste Babenberger..." (Vajda, 41)

Nachdem es in Österreich seit 99 Jahren keine Grenzverschiebungen innerhalb der Bundesländer gibt, könnte man Artikel 3 komplett streichen und Artikel 2 auf Absatz 1 und 2 kürzen. Man könnte aber auch darüber nachdenken, ob das kleine Land Österreich innerhalb der großen EU heute noch neun Bundesländer benötigt, die nicht nur als Verwaltungseinheiten dienen, sondern auch zusätzlich mit eigenen Legislativen ausgerüstet sind. Immerhin hat die Steiermark begonnen Gemeinden und Bezirke zu fusionieren. Das ging, abgesehen von ein paar verbalen Aufständen von Bürgermeistern, die ihren Einflussbereich verloren haben, ziemlich reibungslos über die Bühne. Bei den Bürgern dagegen war ein Ansteigen von Selbstmorden aufgrund von Identitätsverlust nicht zu verzeichnen.

Artikel 4. (1) Das Bundesgebiet bildet ein einheitliches Währungs-, Wirtschafts- und Zollgebiet. (2) Innerhalb des Bundes dürfen Zwischenzolllinien oder sonstige Verkehrsbeschränkungen nicht errichtet werden.

Auch dieser Artikel lebt von der historischen Erinnerung an hunderte Zollschranken innerhalb Europas. Was soll man im Jahr 2020 dazu sagen? Danke, dass uns die Verfassung vor der Schnapsidee schützt am Semmering oder in Simmering Zoll- und Grenzschranken aufzustellen. Nach 25 Jahren in der EU sind bei den Bürgern zumindest zwei Änderungen im täglichen Leben angekommen: freier Warenverkehr und freier Personenverkehr. Jeder, der in einem EU-Land Urlaub macht erlebt die Annehmlichkeiten dieser Grundsätze ganz persönlich.

Artikel 5. (1) Bundeshauptstadt und Sitz der obersten Organe des Bundes ist Wien. (2) Für die Dauer außergewöhnlicher Verhältnisse kann der Bundespräsident auf Antrag der Bundesregierung den Sitz oberster Organe des Bundes in einen anderen Ort des Bundesgebietes verlegen.

Mag sein, dass dieser Artikel vor einer dauerhaften Verlegung der Bundeshauptstadt nach Brüssel schützt. Jedenfalls konnte er nicht verhindern den Regierungssitz der „Ostmark" nach Berlin zu verlegen, obwohl für die *„Dauer außergewöhnlicher Verhältnisse"* sicher nicht sieben Jahre Diktatur vorgesehen waren. Somit war das letzte historische Ereignis, von dem dieser Artikel inspiriert sein konnte, die Türkenbelagerung Wiens 1683. Kaiser Leopold I. flüchtete damals über Linz nach Passau, wo er „mit bemerkenswerter Energie, aber auch mit viel diplomatischem Taktgefühl die umfassenden Hilfsmaßnahmen für Wien zu organisieren begann". (Vajda, 306) Es ist bekannt, dass der polnische König Jan Sobieski mit seinem Heer Wien befreite. Weniger bekannt ist, dass er dafür einen Sold von 500.000 Gulden kassierte. Leopold I. hat zur Finanzierung dieses Krieges so etwas wie eine erste europäische Union zur Leistung von Transfer-zahlungen organisiert: „Papst Innozenz XI stellte über eineinhalb Millionen Gulden zur Verfügung, und Spanien, Portugal, die Toskana sowie Genua machten eine weitere Million flüssig". (Vajda, 310)

Artikel 6. (1) Für die Republik Österreich besteht eine einheitliche Staatsbürgerschaft. (2) Jene Staatsbürger, die in einem Land den Hauptwohnsitz haben, sind dessen Landesbürger; die Landesgesetze können jedoch vorsehen, dass auch Staatsbürger, die in einem Land einen Wohnsitz, nicht aber den Hauptwohnsitz haben, dessen Landesbürger sind. (3) Der Hauptwohnsitz einer Person ist dort begründet, wo sie sich in der erweislichen oder aus den Umständen hervorgehenden Absicht niedergelassen hat, hier den Mittelpunkt ihrer Lebensbeziehungen zu schaffen; trifft diese sachliche Voraussetzung bei einer Gesamtbetrachtung der beruflichen, wirtschaftlichen und gesellschaftlichen Lebensbeziehungen einer

Person auf mehrere Wohnsitze zu, so hat sie jenen als Hauptwohnsitz zu bezeichnen, zu dem sie das überwiegende Naheverhältnis hat. (4) In den Angelegenheiten der Durchführung der Wahl des Bundespräsidenten, von Wahlen zu den allgemeinen Vertretungskörpern und zum Europäischen Parlament, der Wahl des Bürgermeisters durch die zur Wahl des Gemeinderates Berechtigten, in den Angelegenheiten der Durchführung von Volksbegehren, Volksabstimmungen und Volksbefragungen auf Grund der Bundesverfassung oder einer Landesverfassung sowie in den Angelegenheiten der unmittelbaren Mitwirkung der zum Gemeinderat Wahlberechtigten an der Besorgung der Angelegenheiten des eigenen Wirkungsbereiches der Gemeinde gelten für die Dauer einer Festnahme oder Anhaltung im Sinne des Bundesverfassungsgesetzes über den Schutz der persönlichen Freiheit, BGBl. Nr. 684/1988, die letzten, außerhalb des Ortes einer Festnahme oder Anhaltung gelegenen Wohnsitze und der letzte, außerhalb des Ortes einer Festnahme oder Anhaltung gelegene Hauptwohnsitz vor der Festnahme oder Anhaltung als Wohnsitze beziehungsweise Hauptwohnsitz der festgenommenen oder angehaltenen Person.

In einem Satz zusammengefasst: Der Artikel 6 regelt Staatsbürgerschaft und Wohnsitz. Darüber hinaus ist der Artikel ein gutes Beispiel dafür, dass Gesetze Probleme oft erst schaffen, die sie eigentlich vermeiden sollten. Es ist plausibel, dass die Frage des Wohnsitzes für die Sicherheit des Landes (Kontrollmöglichkeit) notwendig ist. Dagegen kann Erfassung aller Steuerzahler nicht im Fokus dieses Artikels stehen, denn dafür gibt es laut Artikel 13 ein eigenes Finanz-Verfassungsgesetz. Wozu sind diese Detailregelungen des Wohnsitzes in der Verfassung erforderlich? Damit der Staat bei Wahlen exakt weiß, welcher Gemeinde die Stimme von Häfenbrüdern zuzuordnen sind. Das ist der Inhalt von Absatz 4. Bei einer freien Wahl geht es eben um jede Stimme, sogar um die von inhaftierten Bürgern.

Trotz enger Verflechtung der Staatsbürgerschaft mit der Frage des Wohnsitzes ist Artikel 6 nicht geeignet, der Entwicklung unserer Zeit Rechnung zu tragen. Laut UN-Bericht von 2017 leben weltweit 258 Millionen Menschen außerhalb ihrer Heimat. Rund zehn Prozent der in Österreich lebenden Bevölkerung sind lediglich „Wohnbürger", wie Soziologen diese Gruppe nennen. Wohnbürger haben nicht die gleichen Rechte wie die übrigen Staatsbürger, doch die Klärung der Gleichbehandlung ist unmöglich, denn das Thema Migration bleibt im B-VG ausgeklammert.

Artikel 7. (1) Alle Staatsbürger sind vor dem Gesetz gleich. Vorrechte der Geburt, des Geschlechtes, des Standes, der Klasse und des Bekenntnisses sind ausgeschlossen. Niemand darf wegen seiner Behinderung benachteiligt werden. Die Republik (Bund, Länder und Gemeinden) bekennt sich dazu, die Gleichbehandlung von behinderten und nichtbehinderten Menschen in allen Bereichen des täglichen Lebens zu gewährleisten. (2) Bund, Länder und Gemeinden bekennen sich zur tatsächlichen Gleichstellung von Mann und Frau. Maßnahmen zur Förderung der faktischen Gleichstellung von Frauen und Männern insbesondere durch Beseitigung tatsächlich bestehender Ungleichheiten sind zulässig. (3) Amtsbezeichnungen können in der Form verwendet werden, die das Geschlecht des Amtsinhabers oder der Amtsinhaberin zum Ausdruck bringt. Gleiches gilt für Titel, akademische Grade und Berufsbezeichnungen. (4) Den öffentlich Bediensteten, einschließlich der Angehörigen des Bundesheeres, ist die ungeschmälerte Ausübung ihrer politischen Rechte gewährleistet.

Der Artikel 7 erfasst den ersten substanziellen Grundwert unserer Verfassung: *Alle Staatsbürger sind vor dem Gesetz gleich.* Aber nicht alle Menschen sind vor dem Gesetz gleich, wenn es darum geht österreichische Staatsbürger zu werden. So ist es ein Privileg der Landeshauptleute (verfassungsmäßig gedeckt durch Artikel 11, Absatz 1, siehe nächstes Kapitel) Staatsbürgerschaften an prominente Ausländer zu verleihen. Eine Geste, in der sich manche Landesfürsten offenbar wohl fühlen, weil sie an alte Zeiten erinnert, als manche Stände noch über dem Gesetz standen.

So hat der Salzburger „Landesfürst" Wilfried Haslauer den Künstler Georg Baselitz 2015 "im besonderen Interesse der Republik Österreich" eingebürgert. Was genau könnte das besondere Interesse der Republik an einem Künstler sein, der in

Deutschland 2013 ein Verfahren wegen Steuerhinterziehung hatte, der sich trotz dutzender öffentlicher Ankäufe und trotz dutzender Ausstellungen in staatlich finanzierten Museen darüber alteriert, dass der Staat kein Geld für die Kunst habe. Tausende österreichische Künstler, die tatsächlich noch nie einen Cent vom Staat bekommen haben, sind vermutlich höchst erfreut über dieses „Interesse der Republik" an der Ungleichbehandlung der Kunstschaffenden.

Schön, dass die staatstragenden Institutionen Bund, Länder und Gemeinden wenigstens die tatsächliche Gleichstellung von Mann und Frau verfassungsgemäß garantieren. Doch ist es wirklich substanziell für die Verfassung des Landes, dass Amtstitel gegendert werden (können, nicht müssen)? Und ist es tatsächlich erforderlich, das Volk darüber extra in Kenntnis zu setzen, dass auch öffentlich Bedienstete einschließlich der Angehörigen des Bundesheeres unter den Artikel 7, der ohnehin für alle Staatsbürger gilt, zu subsumieren sind?

Aus didaktischen Gründen zitiere ich Artikel 8 und 8a in voller Länge.

Artikel 8. (1) Die deutsche Sprache ist, unbeschadet der den sprachlichen Minderheiten bundesgesetzlich eingeräumten Rechte, die Staatssprache der Republik. (2) Die Republik (Bund, Länder und Gemeinden) bekennt sich zu ihrer gewachsenen sprachlichen und kulturellen Vielfalt, die in den autochthonen Volksgruppen zum Ausdruck kommt. Sprache und Kultur, Bestand und Erhaltung dieser Volksgruppen sind zu achten, zu sichern und zu fördern. (3) Die Österreichische Gebärdensprache ist als eigenständige Sprache anerkannt. Das Nähere bestimmen die Gesetze.

Artikel 8a. (1) Die Farben der Republik Österreich sind rot-weiß-rot. Die Flagge besteht aus drei gleichbreiten waagrechten Streifen, von denen der mittlere weiß, der obere und der untere rot sind (2) Das Wappen der Republik Österreich (Bundeswappen) besteht aus einem freischwebenden, einköpfigen, schwarzen, golden gewaffneten und rot bezungten Adler, dessen Brust mit einem roten, von einem silbernen Querbalken durchzogenen Schild belegt ist. Der Adler trägt auf seinem Haupt eine goldene Mauerkrone mit drei sichtbaren Zinnen. Die beiden Fänge umschließt eine gesprengte Eisenkette. Er trägt im rechten Fang eine goldene Sichel mit einwärts gekehrter Schneide, im linken Fang einen goldenen Hammer. (3) Nähere Bestimmungen, insbesondere über den Schutz der Farben und des Wappens sowie über das Siegel der Republik werden durch Bundesgesetz getroffen.

Nun wissen wir was Lehrer in der ersten Stunde Staatsbürgerkunde unterrichten müssen. Wir lernen, dass man Verfassungsartikel, auch wenn sie Nebensätze enthalten, so formulieren kann, dass sie jeder Grundschullehrer versteht. Wir lernen weiters, dass Verfassungsartikel nie alleine kommen, sondern immer weiterführen, weshalb wir die Gesetze (also normale Bundesgesetze ohne Verfassungsrang) brauchen, die das Nähere bestimmen. Nicht zuletzt lernen wir, dass eine Flagge, die lustlos vom Mast hängt, weil kein Wind bläst, der dafür sorgt, dass die Streifen der Flagge in der Waagrechten bleiben, verfassungswidrig ist.

Hier soll nicht der Eindruck entstehen, dass die österreichische Verfassung lediglich ein Objekt der Satire ist. Den folgenden Artikel 9 zitiere ich daher kommentarlos.

Artikel 9. (1) Die allgemein anerkannten Regeln des Völkerrechtes gelten als Bestandteile des Bundesrechtes. (2) Durch Gesetz oder durch einen gemäß Art. 50 Abs. 1 genehmigten Staatsvertrag können einzelne Hoheitsrechte auf andere Staaten oder zwischenstaatliche Einrichtungen übertragen werden. In gleicher Weise können die Tätigkeit von Organen anderer Staaten oder zwischenstaatlicher Einrichtungen im Inland und die Tätigkeit österreichischer Organe im Ausland geregelt sowie die Übertragung einzelner Hoheitsrechte anderer Staaten oder zwischenstaatlicher Einrichtungen auf österreichische Organe vorgesehen werden. Dabei kann auch vorgesehen werden, dass österreichische Organe der Weisungsbefugnis der Organe anderer Staaten oder zwischenstaatlicher Einrichtungen oder diese der Weisungsbefugnis österreichischer Organe unterstellt werden.

Kommentarlos, aber mit zwei Fragen, zitiere ich den Artikel 9a, mit dem im Jahr 1975 (Regierung Bruno Kreisky) das Kapitel „umfassende Landesverteidigung" in die Verfassung aufgenommen wurde.

1. Welcher Absatz von 1 bis 4 könnte dem Gleichheitsgrundsatz widersprechen?

2. Welche Bestimmung lässt den zwingenden Schluss zu, dass Österreich Luftraumüberwachungsflugzeuge zur Verwirklichung einer umfassenden Landesverteidigung benötigt?

Artikel 9a. (1) Österreich bekennt sich zur umfassenden Landesverteidigung. Ihre Aufgabe ist es, die Unabhängigkeit nach außen sowie die Unverletzlichkeit und Einheit des Bundesgebietes zu bewahren, insbesondere zur Aufrechterhaltung und Verteidigung der immerwährenden Neutralität. Hiebei sind auch die verfassungsmäßigen Einrichtungen und ihre Handlungsfähigkeit sowie die demokratischen Freiheiten der Einwohner vor gewaltsamen Angriffen von außen zu schützen und zu verteidigen. (2) Zur umfassenden Landesverteidigung gehören die militärische, die geistige, die zivile und die wirtschaftliche Landesverteidigung. (3) Jeder männliche Staatsbürger ist wehrpflichtig. Staatsbürgerinnen können freiwillig Dienst im Bundesheer als Soldatinnen leisten und haben das Recht, diesen Dienst zu beenden. (4) Wer die Erfüllung der Wehrpflicht aus Gewissensgründen verweigert und hievon befreit wird, hat die Pflicht, einen Ersatzdienst (Zivildienst) zu leisten.

Zur Erinnerung: Die SPÖ-FPÖ-Regierung unter Bundeskanzler Fred Sinowatz (1983-1986) hat die Abfangjäger „Draken" angeschafft. Die ÖVP-FPÖ-Regierung unter Bundeskanzler Wolfgang Schüssel (ab 2000) hat sich dann um die Nachbeschaffung der „Eurofighter" verdient gemacht. Noch bis heute beschäftigen sich Untersuchungsbehörden und -ausschüsse damit. Im Jahr 2002 haben 624.807 Österreicherinnen und Österreicher ein Volksbegehren gegen Abfangjäger unterzeichnet. Der Verteidigungsminister der bislang letzten ÖVP-FPÖ-Regierung, Mario Kunasek, hat im Sommer 2018 laut über eine Nachbeschaffung der „Eurofighter" nachgedacht und dabei den „Gripen" ins Spiel gebracht. Über Proteste dagegen wurde bislang nichts berichtet; auch nicht von Seiten der Grünen, die 2020 erstmals an einer Bundesregierung beteiligt sind.

Beamtenstaat im Geiste Kakaniens

**1862, 1867, 1988 und Artikel 10 bis 13
sowie 24 bis 49 B-VG**

Über die Doppelmonarchie Kakanien schreibt Robert Musil in seinem epochalen Roman „Der Mann ohne Eigenschaften", dass dort jede Sache und Person „eines der beiden Zeichen, k.k. oder k.u.k. trug [...] Und verwaltet wurde dieses Land in einer aufgeklärten, wenig fühlbaren, alle Spitzen vorsichtig beschneidenden Weise von der besten Bürokratie Europas, der man nur einen Fehler nachsagen konnte: sie empfand Genie und geniale Unternehmungssucht an Privatpersonen, die nicht durch hohe Geburt oder einen Staatsauftrag dazu privilegiert waren, als vorlautes Benehmen und Anmaßung. [...] Es war nach seiner Verfassung liberal, aber es wurde klerikal regiert. Es wurde klerikal regiert, aber man lebte freisinnig. Vor dem Gesetz waren alle Bürger gleich, aber nicht alle waren eben Bürger. Man hatte ein Parlament, welches so gewaltigen Gebrauch von seiner Freiheit machte, daß man es gewöhnlich geschlossen hielt; aber man hatte auch einen Notstandsparagraphen, mit dessen Hilfe man ohne das Parlament auskam, und jedesmal, wenn alles sich schon über den Absolutismus freute, ordnete die Krone an, daß nun doch wieder parlamentarisch regiert werden müsse." (S. 33 f)

Bis heute sind das *Staatsgrundgesetz vom 21. Dezember 1867 über die allgemeinen Rechte der Staatsbürger für die im Reichsrate vertretenen Königreiche und Länder,* sowie das *Gesetz vom 27. Oktober 1862 zum Schutze des Hausrechtes* fester Bestandteil der Österreichischen Verfassung.

Hier ist die Frage von Interesse, warum das Grundgesetz von 1867, das bis zum Ende der k.u.k-Monarchie für einen Ausgleich zwischen Ungarn und Österreich sorgte, als „Nebenverfassungsrecht" bis heute weiterlebt. Im Standardwerk „Grundriß des österreichischen Bundesverfassungsrechtes" erklären das die Autoren Robert Walter und Heinz Mayer in einem Nebensatz: „Der Verfassungsausschuß der konstitutionierenden (sic!) Nationalversammlung begann seine Beratungen am 11. 7. 1920 und versuchte – freilich unter

Ausklammerung der umstrittenen Grund- und Freiheitsrechte (es wurde die bestehende Rechtslage beibehalten) – einen Kompromiß zu finden. Am 1. 10. 1920 wurde die vom Ausschuß fertiggestellte Verfassung vom Plenum ohne wesentliche Änderungen – in dritter Lesung angenommen". (Grundriß, 20)

Hier also liegt der historische Grund, warum die Österreichische Verfassung keinen eigenen Grundwerte-Katalog enthält: Die Parteien vor 100 Jahren konnten sich nicht darauf einigen. Und deshalb – so die Logik der Apologeten der aktuellen Form der Verfassung – muss es auch noch die nächsten 100 Jahre so bleiben.

Es gibt einige wenige Artikel, die substanzielle Fragen unseres Zusammenlebens, des österreichischen Gemeinwohls und unserer Grundwerte regeln. Mit einem eigenen *Bundesverfassungsgesetz vom 29. November 1988 über den Schutz der persönlichen Freiheit* wurde unter SPÖ-Kanzler Franz Vranitzky ein Grundwert in Verfassungsrang gehoben:

Art. 1. (1) Jedermann hat das Recht auf Freiheit und Sicherheit (persönliche Freiheit).

Beachtenswert ist, dass Freiheit und Sicherheit hier in einen unmittelbaren Zusammenhang gesetzt werden. Man darf nicht erwarten, dass der Gesetzgeber nun die ewige philosophische Frage „Was ist Freiheit?" beantwortet. Vielmehr geht es in allen weiteren Artikeln und Absätzen dieses Verfassungszusatzes nur um die Regelung des Freiheits-Entzuges, wie bereits *Absatz (2)* klar macht: *Niemand darf aus anderen als den in diesem Bundes-verfassungsgesetz genannten Gründen oder auf eine andere als die gesetzlich vorgeschriebene Weise festgenommen oder angehalten werden.*

Dieser Verfassungszusatz aus dem Jahr 1988 ist charakteristisch für die Überzahl und damit die Übermacht jener Artikel, die rein administrative Fragen regeln, denn die Verfassung entspringt dem Geist des 19. Jahrhunderts, in dem sich in Österreich neben dem allmächtigen Kaiser ein fast allmächtiger Beamtenapparat etabliert hat. Über seine Intention und Konzeption schreibt der „Vater der Verfassung" Hans Kelsen: „Richtschnur war mir dabei, alles Brauchbare aus der bisherigen Verfassung beizubehalten, die Kontinuität der verfassungsrechtlichen Institutionen möglichst zu wahren, das bundesstaatliche Prinzip in das schon Bestehende und Bewährte gleichsam einzubauen und mich dabei an die schweizerische, aber mehr noch an die neue deutsche Reichsverfassung anzulehnen." (Grundriß, 20)

Es ist verständlich, dass Kelsen - angesichts der russischen Oktoberrevolution und ihrer katastrophalen Folgen - in Österreich um Kontinuität bemüht ist. In einem Vortrag 1919 spricht er über den „inneren Widerspruch des demokratischen Problems: dem Volk, das herrschen soll, fehlt das notwendigste Erfordernis, die Einheitlichkeit der Beschaffenheit und des Willens. Wenn es einen Vertretungskörper wählt, kommen in diesem die Verschiedenheiten seiner Bestandteile, ihre Bedeutung für den Gesamtkörper nicht zur Geltung." Daraus folgt: „Die Auswahl der Berechtigten aus der Masse des Volkes ist der Prüfstein für die demokratische Beschaffenheit der Verfassung." Explizit distanziert er sich vom System des Bolschewismus, das er als „eine klassenmäßig beschränkte Demokratie, deren Radikalismus den Begriff der Demokratie aufhebt" bezeichnet. (JBl 1919, 378 ff.)

Laut Kelsen beschränkt sich die „Rechtsgestaltung keineswegs in der Gesetzgebung", sondern inkludiert auch Entscheidungen der Gerichte (Präzendenzfälle). Kelsen wörtlich: „Die sogenannte Exekutive ist demnach ein ebenso wichtiger Faktor der Rechtserzeugung wie die Legislative." (JBl 1919, 378 ff.)

In diesem Sinne entstanden die „Kompetenzartikel", beginnend mit Artikel 10 B-GV, der inklusive aller Anmerkungen 15 Seiten umfasst. Dabei geht es um die lückenlose Aufzählung in welchen Fällen die Gesetzgebung und Vollziehung Bundessache ist. Artikel 11 regelt die Fälle, in welchen die Gesetzgebung Bundessache, die Vollziehung jedoch Landessache ist. Richtig kompliziert wird die Sache mit Artikel 12, denn hier geht es um Gesetze, über deren Grundsätze der Bund, über deren Erlassung und Vollziehung jedoch die Länder zu entscheiden haben. Im Wortlaut:

Artikel 10. (1) Bundessache ist die Gesetzgebung und die Vollziehung in folgenden Angelegenheiten:

1. Bundesverfassung, insbesondere Wahlen zum Nationalrat, und Volksbegehren, Volksabstimmungen und Volksbefragungen auf Grund der Bundesverfassung; Verfassungsgerichtsbarkeit; Verwaltungsgerichtsbarkeit mit Ausnahme der Organisation der Verwaltungsgerichte der Länder;

1a. Wahlen zum Europäischen Parlament; Europäische Bürgerinitiativen;

2. äußere Angelegenheiten mit Einschluss der politischen und wirtschaftlichen Vertretung gegenüber dem Ausland, insbesondere Abschluss von Staatsverträgen, unbeschadet der Zuständigkeit der Länder nach Art. 16 Abs. 1; Grenzvermarkung; Waren- und Viehverkehr mit dem Ausland; Zollwesen;

3. Regelung und Überwachung des Eintrittes in das Bundesgebiet und des Austrittes aus ihm; Ein- und Auswanderungswesen einschließlich des Aufenthaltsrechtes aus berücksichtigungswürdigen Gründen; Passwesen; Aufenthaltsverbot, Ausweisung und Abschiebung; Asyl; Auslieferung;

4. Bundesfinanzen, insbesondere öffentliche Abgaben, die ausschließlich oder teilweise für den Bund einzuheben sind; Monopolwesen;

5. Geld-, Kredit-, Börse- und Bankwesen; Maß- und Gewichts-, Normen- und Punzierungswesen;

6. Zivilrechtswesen einschließlich des wirtschaftlichen Assoziationswesens, jedoch mit Ausschluss von Regelungen, die den Grundstücksverkehr für Ausländer und den Verkehr mit bebauten oder zur Bebauung bestimmten Grundstücken verwaltungsbehördlichen Beschränkungen unterwerfen, einschließlich des Rechtserwerbes von Todes wegen durch Personen, die nicht zum Kreis der gesetzlichen Erben gehören; [...]

7. Aufrechterhaltung der öffentlichen Ruhe, Ordnung und Sicherheit einschließlich [...]

und so weiter bis

15. militärische Angelegenheiten; Angelegenheiten des Zivildienstes; Kriegsschadenangelegenheiten; Fürsorge für Kriegsgräber; aus Anlass eines Krieges oder im Gefolge eines solchen zur Sicherung der einheitlichen Führung der Wirtschaft notwendig erscheinende

Maßnahmen, insbesondere auch hinsichtlich der Versorgung der Bevölkerung mit Bedarfsgegenständen;

16. Einrichtung der Bundesbehörden und sonstigen Bundesämter; Dienstrecht und Personalvertretungsrecht der Bundesbediensteten;

17. Bevölkerungspolitik, soweit sie die Gewährung von Kinderbeihilfen und die Schaffung eines Lastenausgleiches im Interesse der Familie zum Gegenstand hat.

Artikel 11. (1) Bundessache ist die Gesetzgebung, Landessache die Vollziehung in folgenden Angelegenheiten:

1. Staatsbürgerschaft;

2. berufliche Vertretungen, soweit sie nicht unter Art. 10 fallen, jedoch mit Ausnahme [...]

3. Volkswohnungswesen mit Ausnahme [...]

4. Straßenpolizei;

5. Assanierung;

6.Binnenschifffahrt hinsichtlich der Schifffahrtskonzessionen, Schifffahrtsanlagen und Zwangsrechte an solchen Anlagen, soweit sie sich nicht auf die Donau, den Bodensee, den Neusiedlersee und auf Grenzstrecken sonstiger Grenzgewässer bezieht; Strom- und Schifffahrtspolizei auf Binnengewässern mit Ausnahme der Donau, des Bodensees, des Neusiedlersees und der Grenzstrecken sonstiger Grenzgewässer;

7. Umweltverträglichkeitsprüfung für Vorhaben, bei denen mit erheblichen Auswirkungen auf die Umwelt zu rechnen ist; soweit ein Bedürfnis nach Erlassung einheitlicher Vorschriften als vorhanden erachtet wird, Genehmigung solcher Vorhaben;

8.Tierschutz, soweit er nicht nach anderen Bestimmungen in Gesetzgebung Bundessache ist, jedoch mit Ausnahme der Ausübung der Jagd oder der Fischerei.

Artikel 12. (1) Bundessache ist die Gesetzgebung über die Grundsätze, Landessache die Erlassung von Ausführungsgesetzen und die Vollziehung in folgenden Angelegenheiten:

1. Armenwesen; Bevölkerungspolitik, soweit sie nicht unter Art. 10 fällt; Volkspflegestätten; Mutterschafts-, Säuglings- und Jugendfürsorge; Heil- und Pflegeanstalten; vom gesundheitlichen Standpunkt aus an Kurorte sowie Kuranstalten und Kureinrichtungen zu stellende Anforderungen; natürliche Heilvorkommen;

2. öffentliche Einrichtungen zur außergerichtlichen Vermittlung von Streitigkeiten;

3. Bodenreform, insbesondere agrarische Operationen und Wiederbesiedelung;

4. Schutz der Pflanzen gegen Krankheiten und Schädlinge;

5. Elektrizitätswesen, soweit es nicht unter Art. 10 fällt;

6. Arbeiterrecht sowie Arbeiter- und Angestelltenschutz, soweit es sich um land- und forstwirtschaftliche Arbeiter und Angestellte handelt. [...]

Artikel 13. (1) Die Zuständigkeiten des Bundes und der Länder auf dem Gebiet des Abgabenwesens werden durch ein eigenes Bundesverfassungsgesetz („Finanz-Verfassungsgesetz") geregelt. (2) Bund, Länder und Gemeinden haben bei ihrer Haushaltsführung die Sicherstellung des gesamtwirtschaftlichen Gleichgewichtes und nachhaltig geordnete Haushalte anzustreben. Sie haben ihre Haushaltsführung in Hinblick auf diese Ziele zu koordinieren. (3) Bund, Länder und Gemeinden haben bei der Haushaltsführung die tatsächliche Gleichstellung von Frauen und Männern anzustreben.

Es mag für Greenpeace von Bedeutung sein, ob die Verwendung von Glyphosat aufgrund von Artikel 11, Absatz 7 angefochten werden kann oder dem Artikel 12, Absatz 4 der Verfassung entspricht und wer in diesem Fall für die Gesetzgebung, die Erlassung von Ausführungsgesetzen und die Vollziehung zuständig ist. Greenpeace beschäftigt mit Sicherheit hochkarätige Juristen, die aufgrund dieser Finessen die legislative Karte im Interesse des Umweltschutzes ausspielen können.

Doch welchen konkreten Wert hat für eine alleinerziehende Mutter, die auf Sozialhilfe angewiesen ist, der Artikel 12, Absatz 1? In Österreich leben fast zwei Million Menschen am Rande des Existenzminimums. Der Artikel 12, Absatz 1 hilft tatsächlich diese wachsende Zahl an Bürgern zu verwalten. Aber welchen Beitrag leistet die Verfassung, um die Benachteiligungen dieser Menschen zu verringern sowie das weitere Auseinanderklaffen der Einkommensschere zu verhindern? 25 Prozent der Österreicher sind armutsgefährdet (laut Angaben der Statistik Austria 2014). Nicht „gefährdet" aber von Armut „bedroht" (wichtiger Unterschied für Sozialforscher!) sind immer noch 14 Prozent (1,19 Millionen). Das sind Menschen, die trotz Sozialleistungen kaum über die Runden kommen, darunter 300.000 „Working Poor", wie Soziologen Menschen bezeichnen, die von ihrer Lohnarbeit nicht leben können.

Vielleicht ist es gut, wenn solche in Not geratenen Österreicher ihre eigene Verfassung nicht kennen. Denn sonst würden jeden Tag Arbeitslose, ausgerüstet mit Artikel 7 B-VG (*Alle Staatsbürger sind vor dem Gesetz gleich.*) sowie dem Artikel 3 des Staatsgrundgesetzes aus dem Jahr 1867 (*Die öffentlichen Ämter sind für alle Staatsbürger gleich zugänglich.*) beim Betreuer ihres Arbeitsamtes aufmarschieren und ihm ein Antragsformular für den Bezug des Arbeitslosengeldes überreichen mit dem freundlichen Verweis: „Ab heute übernehme ich Ihren Job. Das Formular können Sie gleich mitnehmen." Unter großen Wirtschaftskapitänen sind solche Übergriffe häufig. Wirtschaftsexperten fanden dafür die wohlklingende Bezeichnung „Unfriendly Takeover".

Naive Frage: Warum gibt es einen eigenen Verfassungszusatz zum Thema Freiheit und Sicherheit aber keinen Artikel über Freiheit und Armut? Der Wirtschaftswissenschafter Angus Deaton, der 2015 den Nobelpreis erhalten hat, verweist darauf, dass dieser Zusammenhang relevant ist: „Wenn ich von Freiheit spreche, meine ich damit die Freiheit, ein gutes Leben zu führen und Dinge zu tun, die das Leben lebenswert machen. Der Mangel an Freiheit ist gleichbedeutend mit Armut, Entbehrung und schlechter Gesundheit - lange Zeit das Los eines Großteils der Menschheit und noch immer das Schicksal eines empörend hohen Prozentsatzes der heutigen Weltbevölkerung". (Deaton, 18)

Wer meint, dass das Leben der Österreicher mit den Artikeln 10 bis 13 verfassungstechnisch bereits vollständig geregelt ist, der irrt. Das *Zweite Hauptstück* behandelt darüber hinaus detailliert die *Gesetzgebung des Bundes* über die folgenden Bereiche:

Artikel 24 bis 33 *Nationalrat (Teil A),*

Artikel 34 bis 38 *Bundesrat (Teil B),*

Artikel 38 bis 40 *Bundesversammlung (Teil C).*

Artikel 41 bis 49 *(Teil D)* beschreiben den *Weg der Bundes-gesetzgebung.*

Hier weht der Geist Kakaniens zur Freude aller Staatsbeamten, die exakte Anweisungen (Verfassungsjuristen sprechen von Spielregeln) für jeden Amtsweg benötigen; zum Beispiel:

Artikel 28, (6) Für den Fall, dass die gewählten Präsidenten des Nationalrates an der Ausübung ihres Amtes verhindert oder deren Ämter erledigt sind, hat das Bundesgesetz über die Geschäftsordnung des Nationalrates Sonderbestimmungen über die Einberufung des Nationalrates zu treffen.

Artikel 42. (1) Jeder Gesetzesbeschluss des Nationalrates ist unverzüglich von dessen Präsidenten dem Bundesrat zu übermitteln.

Artikel 49. (1) Die Bundesgesetze sind vom Bundeskanzler im Bundesgesetzblatt kundzumachen. Soweit nicht ausdrücklich anderes bestimmt ist, treten sie mit Ablauf des Tages ihrer Kundmachung in Kraft und gelten für das gesamte Bundesgebiet.

Auf die Geschäftsordnung des Nationalrats wird in den rund 200 Verfassungsartikeln des B-VG ein paar dutzend Mal Bezug genommen. Naive Frage: Wenn es ein Bundesgesetz über die Geschäftsordnung des Nationalrates gibt, das mit Sicherheit alle Eventualitäten des Parlamentarismus regelt, wozu brauchen dann andere Geschäftsordnungspunkte und rein verwaltungstechnische Details eine Verankerung in der Verfassung?

Auch schwergewichtige Artikel, die zu grundlegenden politischen Veränderungen führen können, finden sich im Zweiten Hauptstück, insbesondere so sensible Themen wie die Auflösung des Nationalrats oder die für Verfassungs-bestimmungen wichtige Zweidrittelmehrheit im Parlament.

Artikel 29. (1) Der Bundespräsident kann den Nationalrat

auflösen, er darf dies jedoch nur einmal aus dem gleichen Anlass verfügen. Die Neuwahl ist in diesem Fall von der Bundesregierung so anzuordnen, dass der neugewählte Nationalrat längstens am hundertsten Tag nach der Auflösung zusammentreten kann. (2) Vor Ablauf der Gesetzgebungsperiode kann der Nationalrat durch einfaches Gesetz seine Auflösung beschließen. (3) Nach einer gemäß Abs. 2 erfolgten Auflösung sowie nach Ablauf der Zeit, für die der Nationalrat gewählt ist, dauert die Gesetzgebungsperiode bis zum Tag, an dem der neugewählte Nationalrat zusammentritt.

Der Bundespräsident kann den Nationalrat auflösen... In welchen Fällen? Mit welchen Gründen? Er kann. Punkt. Es braucht dafür keinen Grund, schon ein Anlass reicht! Heute, weil er schlecht geschlafen hat, morgen, weil er Zahnweh hat. Hauptsache nicht zweimal *aus dem gleichen Anlass!*

Artikel 44. (1) Verfassungsgesetze oder in einfachen Gesetzen enthaltene Verfassungsbestimmungen können vom Nationalrat nur in Anwesenheit von mindestens der Hälfte der Mitglieder und mit einer Mehrheit von zwei Dritteln der abgegebenen Stimmen beschlossen werden; sie sind als solche („Verfassungsgesetz", „Verfassungsbestimmung") ausdrücklich zu bezeichnen. (2) Verfassungsgesetze oder in einfachen Gesetzen enthaltene Verfassungsbestimmungen, durch die die Zuständigkeit der Länder in Gesetzgebung oder Vollziehung eingeschränkt wird, bedürfen überdies der in Anwesenheit von mindestens der Hälfte der Mitglieder und mit einer Mehrheit von zwei Dritteln der abgegebenen Stimmen zu erteilenden Zustimmung des Bundesrates. (3) Jede Gesamtänderung der Bundesverfassung, eine Teiländerung aber nur, wenn dies von einem Drittel der Mitglieder des Nationalrates oder des Bundesrates verlangt wird, ist nach Beendigung des Verfahrens gemäß Art. 42, jedoch vor der Beurkundung durch den Bundespräsidenten, einer Abstimmung des gesamten Bundesvolkes zu unterziehen.

Die Formulierung *„in einfachen Gesetzen enthaltene Verfassungsbestimmungen"* sollte man nicht überlesen, denn sie legitimiert die beliebte aber zweifelhafte Praxis, gewöhnliche Bundesgesetze in den Verfassungsrang zu erheben und damit prophylaktisch mögliche Einwände des Verfassungsgerichts auszuhebeln. Dieses scheinbar harmlose Satzgefüge ist auch Grund dafür, dass heute nicht einmal Verfassungsexperten exakt angeben können, wie viele Verfassungsgesetze dieses Land hat und wo genau sie zu finden sind.

Die Aufgaben des Nationalrats (Gesetze beschließen) und des Bundesrats (Gesetze bestätigen) sind weitgehend bekannt. Hier die Information darüber, wozu die Bundesversammlung einberufen wird:

Artikel 38. Der Nationalrat und der Bundesrat treten als Bundesversammlung in gemeinsamer öffentlicher Sitzung zur Angelobung des Bundespräsidenten, ferner zur Beschlussfassung über eine Kriegserklärung am Sitz des Nationalrates zusammen.

Da muss ich ausnahmsweise die Antiquiertheit unserer Verfassung loben, denn zu Beginn des 21. Jahrhunderts ist es üblich geworden, dass nahezu jeder Staat, der sich ein neues Kriegsspielzeug angeschafft hat, dieses gleich ohne Vorwarnung auf fremdem Boden ausprobiert. Manchmal auch an der eigenen Bevölkerung. Das gilt nicht nur für Militärdiktaturen oder überregionale Terrororganisationen wie dem „Islamischen Staat", sondern auch für Staaten mit demokratischen Verfassungen.

Politologen unserer Zeit haben jede Menge damit zu tun, bewaffnete Zwischenfälle zu kategorisieren, auch wenn das den betroffenen Menschen egal sein dürfte, ob sie Opfer eines Terroranschlages, eines begrenzten territorialen Konfliktes oder eines Krieges wurden. Darüber hinaus haben Politiker und Politikbeobachter große Mühe zu erkennen, wer in Krisenherden gegen wen kämpft, denn an die Stelle formaler Kriegserklärungen sind Kurzmitteilungen auf Twitter getreten. Um auf Kriege und Krisen vorbereitet zu sein, sollten man heutzutage alle Twitter-Accounts von potenziellen Feinden der offenen Gesellschaft abonniert haben.

Unsere Verfassung kennt keine Bildung
Artikel 14, 14a und eine Auswahl
von 14b bis 23k

Nicht nur die Vertreter des Bildungsvolksbegehrens von 2011, das 383.820 Unterstützer gefunden hat, sondern die meisten Österreicherinnen und Österreicher halten Bildung für eine der wichtigsten Ressourcen und somit für einen Grundwert dieses Landes. Allein nach dem Begriff „Bildung" im Sinne von Education sucht man im Bundes-Verfassungsgesetz (B-GV) vergeblich. Man findet ihn bloß in einem Zusammenhang, der 2019 besondere Aktualität erlangte, als erstmals eine Regierung durch einen Misstrauensantrag des Parlaments abgewählt wurde:

*Artikel 71. Ist die Bundesregierung aus dem Amt geschieden, hat der Bundespräsident bis zur **Bildung** der neuen Bundesregierung Mitglieder der scheidenden Bundesregierung mit der Fortführung der Verwaltung und einen von ihnen mit dem Vorsitz in der einstweiligen Bundesregierung zu betrauen. Mit der Fortführung der Verwaltung kann auch ein dem ausgeschiedenen Bundesminister beigegebener Staatssekretär oder ein leitender Beamter des betreffenden Bundesministeriums betraut werden. Diese Bestimmung gilt sinngemäß, wenn einzelne Mitglieder aus der Bundesregierung ausgeschieden sind. Der mit der Fortführung der Verwaltung Beauftragte trägt die gleiche Verantwortung wie ein Bundesminister (Art. 76).*

Abgesehen davon findet sich der Begriff „Bildung" im Kontext von Ausbildung, Ausbildungspflicht, Fortbildung, Bildungsinhalt und Bildungsniveau. Wie bereits angemerkt geht es den Verfassern der Verfassung auch in diesem Themenbereich vorwiegend um die Regelung und Festigung der Beamten-Republik, beginnend mit Artikel 14:

Artikel14. (1) Bundessache ist die Gesetzgebung und die Vollziehung auf dem Gebiet des Schulwesens sowie auf dem Gebiet des Erziehungswesens in den Angelegenheiten der Schüler- und

Studentenheime, soweit in den folgenden Absätzen nicht anderes bestimmt ist. Zum Schul- und Erziehungswesen im Sinne dieses Artikels zählen nicht die im Art.14a geregelten Angelegenheiten. (2) Bundessache ist die Gesetzgebung, Landessache die Vollziehung in den Angelegenheiten des Dienstrechtes und des Personalvertretungsrechtes der Lehrer für öffentliche Pflichtschulen, soweit im Abs. 4 lit. a nicht anderes bestimmt ist. ... (3) Bundessache ist die Gesetzgebung über die Grundsätze, Landessache die Erlassung von Ausführungsgesetzen und die Vollziehung in folgenden Angelegenheiten: a) [...] b) [...] c) [...] (4) Landessache ist die Gesetzgebung und die Vollziehung in folgenden Angelegenheiten: a) Behördenzuständigkeit zur Ausübung der Diensthoheit über die Lehrer für öffentliche Pflichtschulen auf Grund der gemäß Abs. 2 ergehenden Gesetze; b) Kindergartenwesen und Hortwesen. (5) Abweichend von den Bestimmungen der Abs. 2 bis 4 ist Bundessache die Gesetzgebung und die Vollziehung in folgenden Angelegenheiten: [...]

Und so weiter und so fort bis Absatz 10. Doch das ist noch lange nicht das Ende jener Verfassungsmaterie, die jeder Lehrer und jede Lehrerin dieses Landes kennen sollte. Einen eigenen Verfassungsartikel und damit eine Sonderstellung – weiß Gott warum!? – erhalten die land- und forstwirtschaftlichen Schulen.

Artikel 14a. (1) Auf dem Gebiet des land- und forstwirtschaftlichen Schulwesens sowie auf dem Gebiet des land- und forstwirtschaftlichen Erziehungswesens in den Angelegenheiten der Schülerheime, ferner in den Angelegenheiten des Dienstrechtes und des Personalvertretungsrechtes der Lehrer und Erzieher an den unter diesen Artikel fallenden Schulen und Schülerheimen sind Gesetzgebung und Vollziehung Landessache, soweit in den folgenden Absätzen nicht anderes bestimmt ist. Angelegenheiten des Universitäts- und Hochschulwesens gehören nicht zum land- und forstwirtschaftlichen Schulwesen.

Der Artikel 14a kommt mit acht Absätzen aus. In Absatz 2 folgt umgehend die Ausnahme: *Bundessache ist die Gesetzgebung und Vollziehung in folgenden Angelegenheiten,* aufgelistet von a-g. Eine echte Herausforderung für Verfassungsexperten folgt in Absatz 3, demnach …

... ist Bundessache die Gesetzgebung und Landessache die Vollziehung in den Angelegenheiten:

a) des Religionsunterrichtes;

b) des Dienstrechtes und des Personalvertretungsrechtes der Lehrer für öffentliche land- und forstwirtschaftliche Berufs- und Fachschulen und der Erzieher für öffentliche Schülerheime, die ausschließlich oder vorwiegend für Schüler dieser Schulen bestimmt sind, ausgenommen jedoch die Angelegenheiten der Behördenzuständigkeit zur Ausübung der Diensthoheit über diese Lehrer und Erzieher.

Es ist schwer vorstellbar, dass irgendein zivilisierter Staat dieser Welt ohne diese Verfassungsbestimmung auskommt! Es gibt keine Dokumente darüber, ob die Zweidrittelmehrheit für diesen Verfassungszusatzartikel unter Einfluss der Landwirtschaftskammer zustande gekommen ist, oder ob die Nationalräte vor der Abstimmung zu viel Veltliner konsumiert haben.

Über die historischen Hintergründe der Artikel 14 und 14a klären die Verfassungsexperten Ludwig K. Adamovich und Bernd-Christian Funk in ihrem Standardwerk „Österreichisches Verfassungsrecht" auf, wo sie in aller Schärfe kritisieren, dass das Verfassungsrecht oft „zu einer kasuistischen Auflistung von Sonderinteressen einzelner Institutionen und politischer Gruppierungen degradiert". Konkret verweisen die Autoren auf die Schulverfassungsnovelle 1975 (Regierung Bruno Kreisky) und den Artikel 14a mit „Ausnahmeregelungen für einzelne, namentlich aufgezählte Lehranstalten, [...] Dieses Beispiel für verfassungsrechtliche Kleinkasuistik sucht wohl seinesgleichen." (Verfassungsrecht, 12)

Dreißig Jahre später, 2005, folgt eine weitere Ergänzung, direkt in Artikel 14, nämlich Absatz 5a. Dies ist der einzige Text des B-VG (abgesehen von den Nebenverfassungsrechten), in dem es um Grundwerte geht – wohl gemerkt kein eigener Zusatzartikel wie 14a, sondern lediglich ein zusätzlicher Absatz in einem ziemlich zufällig gewählten Kontext.

Artikel 14 [...] (5a) Demokratie, Humanität, Solidarität, Friede und Gerechtigkeit sowie Offenheit und Toleranz gegenüber den

Menschen sind Grundwerte der Schule, auf deren Grundlage sie der gesamten Bevölkerung, unabhängig von Herkunft, sozialer Lage und finanziellem Hintergrund, unter steter Sicherung und Weiterentwicklung bestmöglicher Qualität ein höchstmögliches Bildungsniveau sichert. Im partnerschaftlichen Zusammenwirken von Schülern, Eltern und Lehrern ist Kindern und Jugendlichen die bestmögliche geistige, seelische und körperliche Entwicklung zu ermöglichen, damit sie zu gesunden, selbstbewussten, glücklichen, leistungsorientierten, pflichttreuen, musischen und kreativen Menschen werden, die befähigt sind, an den sozialen, religiösen und moralischen Werten orientiert Verantwortung für sich selbst, Mitmenschen, Umwelt und nachfolgende Generationen zu übernehmen. Jeder Jugendliche soll seiner Entwicklung und seinem Bildungsweg entsprechend zu selbständigem Urteil und sozialem Verständnis geführt werden, dem politischen, religiösen und weltanschaulichen Denken anderer aufgeschlossen sein sowie befähigt werden, am Kultur- und Wirtschaftsleben Österreichs, Europas und der Welt teilzunehmen und in Freiheits- und Friedensliebe an den gemeinsamen Aufgaben der Menschheit mitzuwirken.

Somit sind die moralischen Grundlagen geklärt, die *ein höchstmögliches Bildungsniveau* sichern sollen. Die Bildung hat ihre Ehrenrettung erhalten. Demokratie, Friede, Gerechtigkeit, Humanität, Offenheit, Solidarität, Toleranz und Verantwortung werden hier explizit als Grundwerte in den Verfassungsrang gehoben. Warum nur als „Grundwerte der Schule"?

Die Lehrer und Schuldirektoren dieses Landes, denen mit Artikel 14 und 14a auf 10 Seiten erklärt wird, was Bundes- und was Landessache ist, werden in diesem Absatz, de facto in einem Nebensatz zur ersten und gleichzeitig letzten Instanz der Vermittlung von Grundwerten mit dem Ziel, die Bürger dieses Landes zu gesunden, selbstbewussten, glücklichen, leistungsorientierten, pflichttreuen, musischen und kreativen Menschen zu formen! Merke: Ein anständiger Bürger dieses Landes ist (in alphabetischer Ordnung): gesund, glücklich, kreativ, leistungsorientiert, musisch, pflichttreu und selbstbewusst.

Dieser Absatz ist offenbar das einzige Ergebnis des Österreich-Konvents, der von Juni 2003 bis Jänner 2005 (unter

Regierung Wolfgang Schüssel II VP-FP/BZÖ) vergeblich versucht hat, Vorschläge für eine grundlegende Staats- und Verfassungsreform zu entwickeln und nach seinem Scheitern von der politischen Bühne verschwunden ist. Warum gescheitert? Das ist schwer zu erklären, denn alle Politiker, genauer gesagt alle Ex-Politiker sind der Überzeugung, dass wir eine Verfassungsreform brauchen. Woran gescheitert? Das ist leicht zu erklären: an den amtierenden Räten unserer Räte-Republik!

Karl Lengheimer, ein hochkarätiger ÖVP-Politiker, veröffentlichte 2012, nur zwei Jahre nach seiner Pensionierung, Einblicke in die politische Wirklichkeit. Als Mitglied des Österreich-Konvents verrät er Insiderwissen: „Im Österreich-Konvent wurde mehr über juristischen Verfassungstext und weniger über politischen Verfassungszweck diskutiert. Man verhedderte sich monatelang in Verfahrensfragen, wer was mit wem bestimmen dürfe. Bund und Länder waren ängstlich darauf bedacht, ihren Besitzstand zu wahren und wenn möglich zu vermehren. Das Beharren der Bundesvertreter auf unbedeutende Zuständigkeiten ihrer Minister rief bisweilen selbst bei den teilnehmenden Verfassungsprofessoren verwundertes Kopfschütteln hervor." (Politgebiete, 140)

Über die „dringend nötige Reform des österreichischen Bundesstaates" schreibt er unter anderem: „Die Landtage hätten sich nur auf die Vertretung ihrer Landesbürger zu konzentrieren. Diese Aufgabe besteht nicht darin, EU-Richtlinien neunmal mit ein paar geänderten Wortwendungen für jedes Land eigens zu beschließen, weil das die Kompetenzverteilung aus 1925 so vorsieht. […] Die durch neue Staatsaufgaben und durch das Eindringen des EU-Rechtes längst überholte horizontale Aufteilung der Gesetzgebungsbefugnisse aus dem Jahr 1925 wäre durch eine vertikale zu ersetzen." (Politgebiete, 140 f)

Insgesamt 11 neue Verfassungsartikel hat uns der Beitritt zur Europäischen Union 1994 (Regierung Franz Vranitzky) beschert: Artikel 23a bis 23k. Sie beschließen seither das *Erste Hauptstück des B-VG (Allgemeine Bestimmungen)*. 11 Artikel auf 16 Seiten enthalten bis ins letzte Detail Zuständigkeiten und

Bestimmungen, welche Organe welchen Instanzen in welchen Fällen berichten müssen, und vor allem, wer bei Postenbesetzungen in der EU mitreden darf, nein muss!

Dieses Kapitel über Bildung, Lehrer und Schüler sollte eigentlich allgemein verständlich bleiben. Doch es ist unerlässlich wenigstens ein Beispiel zu geben, wie Juristen formulieren und damit zum Ausdruck bringen, wie sie denken und was sie für relevant halten. Im Auftrag der Regierung! Auch im Auftrag des Souveräns?

Artikel 23c. (1) Die Erstellung der österreichischen Vorschläge für die Ernennung von Mitgliedern der Europäischen Kommission, von Mitgliedern des Gerichtshofes der Europäischen Union, von Mitgliedern des Rechnungshofes, von Mitgliedern des Wirtschafts- und Sozialausschusses, von Mitgliedern des Ausschusses der Regionen und deren Stellvertretern und von Mitgliedern des Verwaltungsrates der Europäischen Investitionsbank obliegt der Bundesregierung.

(2) Vor der Erstellung der Vorschläge für die Ernennung von Mitgliedern der Europäischen Kommission, des Gerichtshofes der Europäischen Union, des Rechnungshofes und des Verwaltungsrates der Europäischen Investitionsbank hat die Bundesregierung dem Nationalrat und dem Bundespräsidenten mitzuteilen, wen sie vorzuschlagen beabsichtigt. Die Bundesregierung hat über die Vorschläge das Einvernehmen mit dem Hauptausschuss des Nationalrates herzustellen.

(3) Vor der Erstellung der Vorschläge für die Ernennung von Mitgliedern des Wirtschafts- und Sozialausschusses hat die Bundesregierung Vorschläge der gesetzlichen und sonstigen beruflichen Vertretungen der verschiedenen Gruppen des wirtschaftlichen und sozialen Lebens einzuholen.

(4) Die Vorschläge für die Ernennung von Mitgliedern des Ausschusses der Regionen und deren Stellvertretern hat die Bundesregierung auf Grund von Vorschlägen der Länder sowie des Österreichischen Gemeindebundes und des Österreichischen Städtebundes zu erstellen. Jedes Land hat ein Mitglied und dessen Stellvertreter vorzuschlagen; die sonstigen Mitglieder und deren Stellvertreter sind vom Österreichischen Gemeindebund und vom Österreichischen Städtebund gemeinsam vorzuschlagen.

(5) Die Bundesregierung hat dem Nationalrat mitzuteilen, wen sie nach Abs. 3 und 4 vorgeschlagen hat, und dem Bundesrat mitzuteilen, wen sie nach Abs. 2, 3 und 4 vorgeschlagen hat.

Damit schließt der Artikel 23c, und bis 23k ist es noch ein weiter Weg. Aufmerksame Leser stolpern in Artikel 23g unverhofft über das *Subsidiaritätsprinzip* und nochmals in

Artikel 23h: (1) Der Nationalrat und der Bundesrat können beschließen, dass gegen einen Gesetzgebungsakt im Rahmen der Europäischen Union beim Gerichtshof der Europäischen Union Klage wegen Verstoßes gegen das Subsidiaritätsprinzip erhoben wird.

An keiner Stelle des B-VG wird erklärt, was das Subsidiaritätsprinzip ist und warum es so wichtig ist, dass bei Verletzung dieses Prinzips sogar gegen EU-Gesetze geklagt werden kann. Im katholisch dominierten Österreich hat dieses ursprünglich calvinistische Prinzip 1891 über die Enzyklika „Rerum Novarum" von Papst Leo XIII Einzug gehalten. Neben Subsidiarität sind Personalität und Solidarität bis heute Grundwerte der Programme jener Parteien, die sich auf die katholische Soziallehre berufen. Gemäß Subsidiarität sollen Probleme, die Einzelpersonen oder kleine Gruppen lösen können, nicht von übergeordneten staatlichen Instanzen übernommen oder gar an sich gerissen werden. Personalität bedeutet, dass Wirtschaft und Politik für jeden einzelnen Menschen da sind und nicht umgekehrt. Solidarität, die Verantwortung des Individuums gegenüber der Gemeinschaft, ist jener Wert, mit dem sich die katholische Kirche den Forderungen der Arbeiterbewegung annähert.

Die übrigen Ergänzungen anlässlich des EU-Beitritts sind unergiebig für alle einfachen Bürger dieses Landes, ergiebig nur für jene, denen diese Artikel den Weg in eine EU-Karriere öffnen könnten. Immerhin erhalten wir in Artikel 23c einen Überblick, welche Apparate bis 1994 (Jahr des EU-Beitritts) direkt oder indirekt Verfassungsrang erhalten haben. Bestand zu Zeiten der „Urverfassung" von Hans Kelsen die Republik noch aus Bund, Ländern und Gemeinden (siehe Artikel 7), sind nun, auf welchen Wegen auch immer, der Österreichische Gemeindebund, Städtebund und *Vertretungen der verschiedenen Gruppen des wirtschaftlichen und sozialen Lebens*, in die Verfassung eingezogen.

Im Jahr 2008 (Regierung Alfred Gusenbauer, SPÖ) wurden die Sozialpartner (Arbeiterkammer und Wirtschaftskammer) mit einem eigenen Verfassungsartikel geadelt:

Artikel 120a. (1) Personen können zur selbständigen Wahrnehmung öffentlicher Aufgaben, die in ihrem ausschließlichen oder überwiegenden gemeinsamen Interesse gelegen und geeignet sind, durch sie gemeinsam besorgt zu werden, durch Gesetz zu Selbstverwaltungskörpern zusammengefasst werden. (2) Die Republik anerkennt die Rolle der Sozialpartner. Sie achtet deren Autonomie und fördert den sozialpartnerschaftlichen Dialog durch die Einrichtung von Selbstverwaltungskörpern.

Der Ursprung der Wirtschaftskammer reicht zurück ins Revolutionsjahr 1848, als die ersten Handelskammern gegründet wurden. 20 Jahre später wurden die Handels- und Gewerbekammern per Gesetz zu beratenden Körperschaften. Noch vor der Österreichischen Verfassung wurde im Februar 1920 das Bundesgesetz über die Kammern für Handel, Gewerbe und Industrie kundgemacht und die Wirtschaftskammer damit als Körperschaft des öffentlichen Rechts institutionalisiert. Ebenso alt ist die Geschichte der Arbeiterkammer. Die Ursprünge der Landwirtschaftskammer lassen sich sogar bis ins Jahr 1819 zurückverfolgen.

Der Wert dieser Kammern, die ursprünglich den einzelnen Ständen und Klassen mehr Rechte und Freiheiten gebracht haben, lässt sich im 21. Jahrhundert nur mehr schwer erkennen. So entsteht der Eindruck, dass mit dem Artikel 120a lediglich die Zwangsmitgliedschaft bei den Kammern, die immer öfter in Frage gestellt wird, einzementiert werden sollte.

Das freie Mandat
Der Souverän (Artikel 56) und die Regierung (Artikel 19)

Ich gestehe, dass ich lange der Meinung war, dass die österreichische Realverfassung von der geschriebenen Verfassung abweicht. Mittlerweile bin ich zur Überzeugung gelangt, dass die politische Praxis in weiten Zügen der geschriebenen Verfassung entspricht.

Alltägliche Phänomene der Realverfassung sind Parteibuchwirtschaft, Klientelpolitik (überall, wo es etwas zu verteilen gibt: Gemeindewohnungen, Studentenheime, Subventionen, Steuerzuckerl und Postenbesetzungen) und nicht zuletzt Wadelbeißerei bei all jenen Themen, die Österreich überhaupt nicht, die Politiker und die Medien aber umso mehr interessieren. Gleichzeitig werden die wichtigen Probleme unter den Tisch gekehrt. Typisch dafür: Tagelang wird über Personalfragen spekuliert aber kaum über neue Ideen, Konzepte oder Verbesserungsvorschläge diskutiert.

Wer die politische Praxis kritisiert wird als Querulant abserviert, wie der Politologe Prof. Peter Filzmaier gewohnt spitz kommentiert: „Selbstbewusst und demokratisch für eigene Standpunkte einzutreten, das ist heute unerwünscht. Wer es trotzdem tut, gilt sofort und ungeachtet noch so guter Sachargumente als Querulant. Deshalb findet an den staatlichen und kirchlichen Feiertagen keine allzu kritische Auseinandersetzung der Österreicher mit dem Österreichersein statt." (Lemminge, 30)

Im Unterschied zu Filzmaier bin ich der Überzeugung, dass Kritik nicht nur als Zeitvertreib an Feiertagen kultiviert werden sollte, sondern als Prinzip der politischen Bildung immer und überall.

Dazu könnte der bekannteste Politik-Erklärer der Nation selbst beitragen, indem er Standpunkte jenseits der „rapportierenden Berichterstattung über parteiliche Rülpser" (Lemminge, 235) in seine Reflexionen aufnimmt und bei seinen zahlreichen ORF-Auftritten zur Sprache bringt. Denn: „Am Ende hunderter Seiten stellt sich die Frage, welche

Lösungsansätze es jenseits des Wortwitzes gibt". (Lemminge, 227).

Über die Klientelpolitik schreibt der Verfassungsjurist Prof. Heinz Mayer: „Das Gespenst der 'Realverfassung' taucht auch im Zusammenhang mit der Gesetzgebung auf. Gesetze werden nicht – so meinen manche Beobachter – im Parlament von den Abgeordneten gemacht, sondern von Parteien und/oder Sozialpartnern; so sei die 'Realverfassung'. Dies ist falsch und richtig zugleich." (Der Standard, 21.7.2004)

Anders gesagt: Gesetze werden de facto von den Sozialpartnern verhandelt und in den Ausschüssen des Parlaments in ihre Endfassung gebracht. Danach darf der einfache Abgeordnete nur noch zustimmen oder ablehnen, aber nicht so, wie er es persönlich seinem Wähler gegenüber verantworten und vertreten kann, sondern nur so, wie es ihm seine Partei in Person des Klubobmanns vorschreibt.

Über den Klubzwang im Parlament schreibt Ex-Vizekanzler Reinhold Mitterlehner (ab 2000 Abgeordneter zum Nationalrat, danach Wirtschaftsminister von 2008 bis 2017, ab 2014 Vizekanzler): „Wer mit der Vorstellung ins Parlament kommt, er kann sofort mitgestalten, wird von der Praxis schnell eines anderen belehrt. Da geht es zuerst einmal um das Erlernen von Disziplin und Unterordnung, und zwar in jedem Klub. [...]

Es wird viel vom freien Mandat gesprochen, tatsächlich ist jedoch der Klubzwang sehr stark. Kaum einer getraut sich, in der Klubsitzung aufzuzeigen und auszusprechen, dass er etwa bei diesem oder jenem Beschluss nicht mitgehen würde. Im ÖVP-Klub hat sich ein fein gesponnenes, bewährtes Meinungs-dämpfungssystem entwickelt. Die Klubarbeit ist in drei Arbeitsgemeinschaften (Bauern, Arbeitnehmer und Selbst-ständige) organisiert, dort können Kritiker Dampf ablassen, bevor eine Materie überhaupt in den Klub kommt. Vor allem für die Abgeordneten aus den Ländern, die nur für die Sitzungen nach Wien reisen, ist das praktisch. In der Arbeitsgemeinschaft ist ihr erster Zorn meist verpufft und im Klub sagen sie dann manchmal gar nichts mehr." (Haltung, 86f.)

Was sagt die Verfassung dazu?

Artikel 56. (1) Die Mitglieder des Nationalrates und die Mitglieder des Bundesrates sind bei der Ausübung dieses Berufes an keinen Auftrag gebunden.

Artikel 56 (1) ist meiner Überzeugung nach der erste und wichtigste Punkt des B-VG, dem die Realverfassung direkt widerspricht.

Die Verfassungsjuristen und Herausgeber des B-VG, Prof. Christoph Grabenwarter und Dr. Brigitte Ohms (BKA-Verfassungsdienst) haben sich hier eine Anmerkung erlaubt: „Prinzip des 'freien Mandats'". Angesichts der übrigen Anmerkungen mit rein formaljuristischen Querverweisen und Erklärungen ist dieser Hinweis fast schon ein Aufruf zur Palastrevolution, wenn auch vorsichtig versteckt unter Anführungszeichen und Kursiv-Schrift. Bemerkenswert ist auch die Tatsache, dass die Verfassung die Volksvertretung als "Beruf" bezeichnet, während viele Abgeordnete ihr Mandat als Nebenjob mit Zusatzeinkommen betrachten.

Die mutige, prägnante Verfassungsbestimmung von Artikel 56 Absatz 1 wird durch die Absätze 2 bis 4 umgehend mit Bestimmungen zu personalpolitischen Eventualitäten verwässert, in verzopfter Beamtenmanier aus der Zeit Kakaniens:

(2) Hat ein Mitglied der Bundesregierung oder ein Staatssekretär auf sein Mandat als Mitglied des Nationalrates verzichtet, so ist ihm nach dem Ausscheiden aus diesem Amt, in den Fällen des Art. 71 nach der Enthebung von der Betrauung mit der Fortführung der Verwaltung, von der zuständigen Wahlbehörde das Mandat erneut zuzuweisen, wenn der Betreffende nicht gegenüber der Wahlbehörde binnen acht Tagen auf die Wiederausübung des Mandates verzichtet hat.

(3) Durch diese erneute Zuweisung endet das Mandat jenes Mitgliedes des Nationalrates, welches das Mandat des vorübergehend ausgeschiedenen Mitgliedes innegehabt hat, sofern nicht ein anderes Mitglied des Nationalrates, das später in den Nationalrat eingetreten ist, bei seiner Berufung auf sein Mandat desselben Wahlkreises gegenüber der Wahlbehörde die Erklärung abgegeben hat, das Mandat vertretungsweise für das vorübergehend ausgeschiedene Mitglied des Nationalrates ausüben zu wollen.

(4) Abs. 2 und 3 gelten auch, wenn ein Mitglied der Bundesregierung oder ein Staatssekretär die Wahl zum Mitglied des Nationalrates nicht angenommen hat.

Der nächste Artikel regelt die Immunität von Abgeordneten in sieben Absätzen auf knapp zwei Seiten.

Artikel 57. (1) Die Mitglieder des Nationalrates dürfen wegen der in Ausübung ihres Berufes geschehenen Abstimmungen niemals verantwortlich gemacht werden. Wegen der in diesem Beruf gemachten mündlichen oder schriftlichen Äußerungen dürfen sie nur vom Nationalrat verantwortlich gemacht werden; dies gilt nicht bei behördlicher Verfolgung wegen Verleumdung oder wegen einer nach dem Bundesgesetz über die Informationsordnung des Nationalrates und des Bundesrates strafbaren Handlung. [...] (7) Die näheren Bestimmungen trifft das Bundesgesetz über die Geschäftsordnung des Nationalrates.

Da offensichtlich ein Bedarf besteht, die ohnehin detaillierten Bestimmungen des Artikel 57 noch „näher" zu bestimmen, warum packt man dann nicht gleich die gesamten Bestimmungen in das Bundesgesetz über die Geschäftsordnung des Nationalrats? So könnte man die Verfassung auf das Wesentliche reduzieren, statt sie mit Details zu überfrachten, die nur für 183 Nationalratsabgeordnete von Bedeutung sind.

Hier ein Vorschlag zur Fusionierung der Artikel 56, 57 und 58 (Regelung für Bundesräte): Artikel 56/57/58 (NEU) Die Mitglieder des Nationalrates und des Bundesrates sind bei der Ausübung dieses Berufes an keinen Auftrag gebunden, sondern handeln ausschließlich nach bestem Wissen und Gewissen. Klubzwang ist verboten. Während der Ausübung ihres Mandates gilt für Nationalräte und Bundesräte die Immunität. Die Immunität bleibt auf politische Aktivitäten beschränkt und gilt nicht bei sonstigen strafbaren Handlungen oder beruflichen Betätigungen außerhalb des Mandates. Die näheren Bestimmungen trifft das Bundesgesetz über die Geschäftsordnung des Nationalrats.

Wer sich fragt, wer denn in Österreich der Souverän ist, der Bundespräsident, der Bundeskanzler, die Bundesregierung, der Nationalrat, der Bundesrat, die Landesregierungen oder das Volk, der findet in den folgenden Artikeln eine Antwort, oder auch nicht.

Artikel 1. Österreich ist eine demokratische Republik. Ihr Recht geht vom Volk aus.
Artikel 18. (1) Die gesamte staatliche Verwaltung darf nur auf Grund der Gesetze ausgeübt werden.
Artikel 19. (1) Die obersten Organe der Vollziehung sind der Bundespräsident, die Bundesminister und Staatssekretäre sowie die Mitglieder der Landesregierungen.
Artikel 56. (1) Die Mitglieder des Nationalrates und die Mitglieder des Bundesrates sind bei der Ausübung dieses Berufes an keinen Auftrag gebunden.
Artikel 152. Mit der Vollziehung dieses Bundesverfassungsgesetzes ist die Bundesregierung betraut.

Welche Finessen Verfassungsjuristen in scheinbar einfachen Festsetzungen wie dem Artikel 18 finden, zeigen Adamovich/Funk: „Im geltenden Verfassungsrecht gibt es zahlreiche Beispiele für systematisch unvollständige Regelungen mit bloßem 'Antwortcharakter' in bezug auf ganz bestimmte Fragen. Dazu gehört zB die Formulierung des Legalitätsprinzips in Art 18 Abs 1 B-VG. Dort heißt es, daß die gesamte staatliche Verwaltung nur auf Grund der Gesetze ausgeübt werden darf. Von der Rechtsprechung, von der ja ebenfalls zu erwarten ist, daß sie nur auf Grund der Gesetze ausgeübt werden darf, ist dort nicht die Rede. Kann daraus nun im Wege eines Umkehrschlusses die Freiheit der Gerichtsbarkeit von den Bindungen durch die Gesetze abgeleitet werden?" (Verfassungsrecht, 19)

Laut Adamovich/Funk gab es Jahrzehnte lange Auseinandersetzungen darüber, ob die Verwaltung eine weitgehend gesetzesfreie Tätigkeit sei oder, ganz im Gegenteil, nur in der Ausführung der Gesetze bestünde. Artikel 18 ist die endgültige Antwort auf diese Kontroverse. Soviel zum Antwortcharakter.

Das Scheinproblem, dass Artikel 18 nicht auf die Judikative anzuwenden sei, hat seine Ursache darin, dass im B-VG die elementare Abgrenzung der Gewaltenteilung in Legislative, Exekutive und Judikative nicht explizit vorgenommen wurde. So wie beim Subsidiaritätsprinzip sucht man im B-VG vergeblich nach einer Definition des Legalitätsprinzips.

Die Herausgeber des B-VG stellen in einer Fußnote zum Artikel 18 (1) klar: „verfassungsrechtliches Legalitätsprinzip" besagt, „dass alle (generellen und individuellen) Akte staatlicher Vollziehungsorgane (Organe der Verwaltung, aber selbstverständlich auch der Gerichtsbarkeit) und der vom Staat geschaffenen Rechtsträger (Selbstverwaltungskörperschaften, Wirtschaftskörper, Gesellschaften usw) im Gesetz und mittelbar über das Gesetz in der Verfassung begründet sein müssen und dass für die Sicherung dieses Postulats wirksame Rechtsschutzeinrichtungen bestehen müssen." (B-VG, 75)

An diese Ausführungen schließt der Ex-Politiker Karl Lengheimer an, der sich mit dem „Wesen der öffentlichen Verwaltung" beschäftigt: „In früheren Zeiten war das alles einfach. Die öffentliche Verwaltung war die Tätigkeit des absoluten Monarchen mit den ihm unter- und entsprechend ergebenen Beamten. [...] An Stelle der aristokratischen trat die bürokratische Herrschaft im Sinne Max Webers mit genau einzuhaltenden Regeln. [...] Auch unsere Bundesverfassung bezeichnet 'Verwaltung' als Unterbegriff von Vollziehung (der Gesetze). Die öffentliche Verwaltung allein durch Gesetze steuern zu können, ist freilich Illusion. Staatliche Verwaltung ist wesentlich mehr als eine Rechtsentscheidung, die anhand von Gesetzen getroffen wird. Sie ist vor allem Gestaltung und sie ist auch Rechtsergänzung – dort wo es an bindenden Normen fehlt". (Politgebiete, 146 f)

Lengheimer weiß wovon er schreibt. Er hat 1972 über „Die Gehorsamspflicht der Verwaltungsorgane" dissertiert, war 1981 bis 2000 Klubdirektor im Landtagsklub der Volkspartei Niederösterreich und von 1987 bis 1997 Bezirksvorsteher von Wieden, dem vierten Wiener Gemeindebezirk. So basiert folgender Satz auf Erfahrungswissen: „Die strikte Gesetzesbindung, wie sie uns aus der Polizeiverwaltung bekannt ist und dort plausibel scheinen mag, ist für viele Bereiche angefangen von der Entscheidungsvorbereitung und Planung bis zu jenem großen Teil der Staatsverwaltung, den wir als politische Gestaltung bezeichnen, schlicht und einfach unbrauchbar. [...] Öffentliche Verwaltung als Ausübung von Macht und nicht bloß als exakt nachprüfbare Vollziehung von Gesetzen gehört zum täglichen Geschäft der Politik." (Politgebiete, 148 f)

Der zweite essenzielle Punkt des B-VG, dem die politische Praxis meiner Überzeugung nach direkt widerspricht ist *Artikel 19. (1) Die obersten Organe der Vollziehung sind der Bundespräsident, die Bundesminister und Staatssekretäre sowie die Mitglieder der Landesregierungen.*

Und wo bleibt der in den Medien allgegenwärtige und scheinbar allmächtige Bundeskanzler? Wenn man das B-VG beim Wort nimmt, dann ist er ausschließlich für die Vorbereitung, Unterzeichnung und Überbringung von Urkunden zuständig. Hier die Belegstellen aus dem B-VG:

Artikel 23i (Themenblock EU-Erweiterung) Absatz (5) Beschlüsse des Nationalrates und des Bundesrates nach diesem Artikel sind vom Bundeskanzler im Bundesgesetzblatt kundzumachen.

Artikel 23j (3) Bei Beschlüssen über die Einleitung einer Mission außerhalb der Europäischen Union, [...] ist das Stimmrecht im Einvernehmen zwischen dem Bundeskanzler und dem für auswärtige Angelegenheiten zuständigen Bundesminister auszuüben.

Artikel 37 (2) Der Bundesrat gibt sich seine Geschäftsordnung durch Beschluss. [...] Der Geschäftsordnung kommt die Wirkung eines Bundesgesetzes zu; sie ist durch den Bundeskanzler im Bundesgesetzblatt kundzumachen.

Artikel 40. (1) Die Beschlüsse der Bundesversammlung werden von ihrem Vorsitzenden beurkundet und vom Bundeskanzler gegengezeichnet. (2) Die Beschlüsse der Bundesversammlung über eine Kriegserklärung sind vom Bundeskanzler amtlich kundzumachen.

Artikel 42. (1) Jeder Gesetzesbeschluss des Nationalrates ist unverzüglich von dessen Präsidenten dem Bundesrat zu übermitteln. [...] (3) [Ein Einspruch des Bundesrates] muss dem Nationalrat binnen acht Wochen nach Einlangen des Gesetzesbeschlusses beim Bundesrat von dessen Vorsitzenden schriftlich übermittelt werden; er ist dem Bundeskanzler zur Kenntnis zu bringen.

Artikel 42a. Insoweit ein Gesetzesbeschluss des Nationalrates der Zustimmung der Länder bedarf, ist er unmittelbar nach Beendigung des Verfahrens gemäß Art. 42 vom Bundeskanzler den Ämtern der Landesregierungen der beteiligten Länder bekanntzugeben. [...]

Artikel 47. (1) Das verfassungsmäßige Zustandekommen der Bundesgesetze wird durch den Bundespräsidenten beurkundet. (2) Die Vorlage zur Beurkundung erfolgt durch den Bundeskanzler (3) Die Beurkundung ist vom Bundeskanzler gegenzuzeichnen.

Artikel 49. (1) Die Bundesgesetze sind vom Bundeskanzler im Bundesgesetzblatt kundzumachen. Soweit nicht ausdrücklich anderes bestimmt ist, treten sie mit Ablauf des Tages ihrer Kundmachung in Kraft und gelten für das gesamte Bundesgebiet. (2) Die Staatsverträge gemäß Art. 50 Abs. 1 sind vom Bundeskanzler im Bundesgesetzblatt kundzumachen. [...]

Artikel 49a. (1) Der Bundeskanzler ist gemeinsam mit den zuständigen Bundesministern ermächtigt, Bundesgesetze, mit Ausnahme dieses Gesetzes, und im Bundesgesetzblatt kundgemachte Staatsverträge in ihrer geltenden Fassung durch Kundmachung im Bundesgesetzblatt wiederzuverlautbaren.

Den letztgenannten Artikel darf man als besonderen Bürgerservice betrachten, denn ohne Wiederverlautbarung könnte es glatt passieren, dass ein Bürger dieses Landes einmal ein Gesetz vergisst. Die zitierten Artikel sind eine vollständige Aufzählung der Aufgabenbereiche des Bundeskanzlers gemäß *Erstem Hauptstück (Allgemeine Bestimmungen)* und *Zweitem Hauptstück (Gesetzgebung des Bundes)*. Selbstverständlich liefert auch das *Dritte Hauptstück (Vollziehung des Bundes)* eine lange Liste weiterer Vollziehungsaufgaben für den Kanzler. Resümee: Gemäß Legalitätsprinzip handelt ein Bundeskanzler, der regieren will – regieren nicht im Sinnen von verwalten, sondern von gestalten – verfassungswidrig!

Wir kennen nun das Legalitätsprinzip in seinen Grundzügen und auch seine Grenzen in der praktischen Anwendung. Daraus ziehe ich den Schluss: In der Verfassung ebenso wie in der politischen Praxis überlagert das Legalitätsprinzip das

Moralitätsprinzip – und zwar total. Der Gesetzgeber beweist in jedem Artikel seine Liebe zum Detail und ignoriert völlig die Frage nach den Prinzipien, auf denen die Verfassung basiert bzw basieren sollte.

Sechs Grundprinzipien sind laut Verfassungsexperten die „Baugesetze" der Verfassung (auch leitende Grundsätze genannt): demokratisches Prinzip, republikanisches Prinzip, rechtsstaatliches Prinzip, liberales Prinzip, bundesstaatliches Prinzip und nicht zuletzt das Prinzip der Gewaltenteilung. Basierend auf den für das 18. Jahrhundert revolutionären Ideen von Montesquieu und Rousseau ist die Gewaltentrennung seit 1787, der Verabschiedung der Constitution der Vereinigten Staaten von Amerika, weltweit in allen demokratischen Verfassungen verankert.

Die Baugesetze sind nicht explizit in der Verfassung definiert, sondern wurden von Juristen nachträglich aus der Verfassung gefiltert. Auch die moralischen Werte, auf deren Grundlage die Verfassungsgesetze erlassen werden, finden keine explizite Ausführung in der Verfassung. Es ist unvermeidlich, dass Wertvorstellungen und (partei-politische) Einstellungen in die Gestaltung von Gesetzen einfließen. Dieser Einfluss ist bislang intransparent. Ein Grundwertekatalog zu Beginn einer Verfassung wäre die Voraussetzung für Transparenz. Die Transparenz der Werte, die den Gesetzen zu Grunde liegen, bezeichne ich als Moralitätsprinzip.

Das Legalitätsprinzip erklärt nicht, wer der Souverän ist, doch Meinungsumfragen zeigen, dass die Mehrheit der Österreicher die Regierung und/oder die Regenten der Länder für den Souverän hält. Redewendungen wie „die Mächtigen des Landes", „die da oben", „die Obrigkeit" und – kaum ausgesprochen, aber in den Köpfen der Menschen – „wir Untertanen" zeigen, in welchem Zustand „die österreichische Seele" (Erwin Ringel) 100 Jahre nach Einführung der demokratischen Republik ist. Das Wort „Regierung" wird immer noch mit einem „Regenten" assoziiert, der entsprechend seiner Macht über das Volk herrscht. Demnach gilt: Regierung ist Regierungsgewalt, Gewalt ist Macht und wer die Macht hat ist der Souverän!

Die landläufige Meinung der Bevölkerung bestätigt der juristische Befund von Adamovich/Funk: „Das Parlament ist längst nicht mehr ein Forum der echten Meinungs- und Willensbildung im Wege des Überzeugens der Abgeordneten durch öffentliche Rede und Debatte. [...] Die zumeist hoch organisierten Institutionen der Parteien und Verbände haben größtenteils die Trägerschaft und Kontrolle über den parlamentarischen Entscheidungsprozeß übernommen." (Verfassungsrecht, 114)

Ins gleiche Horn bläst Karl Lengheimer: „Abgeordnete, 'Volksvertreter' sind [...] innerhalb der politischen Gesellschaft eine unterprivilegierte, isolierte Klasse, 'Paria' der Politik sozusagen. [...] Die Riege der Parlamentarier ist an der Kommandobrücke einer Regierungspartei meist lediglich durch Einzelpersonen wie den Fraktionsobmann oder den Parlamentspräsidenten vertreten." (Politgebiete, 100 f) Dazu passt der gewohnt polemische Ton von Karl Kraus: „Der Parlamentarismus ist die Kasernierung der politischen Prostitution".

Es ist nicht weiter verwunderlich, wenn die Frage nach dem Souverän bei den Bürgern unserer demokratischen Republik Verwirrung stiftet. Der Begriff „Souverän" kommt im Hauptteil des B-VG nicht vor. Erst mit dem Staatsvertrag werden der „souveräne Staat" und die „Souveränität" in den Verfassungsrang gehoben. Um zu verstehen, wer der Souverän ist, werden wir einen Ausflug in die Schweiz unternehmen müssen (siehe letztes Kapitel).

Staatsvertrag und Neutralität
Österreichs Demokratie ist
völkerrechtlich verankert

Wie bereits erwähnt gehen die Grundlagen der Österreichischen Verfassung auf das Jahr 1920 zurück. Die historisch wichtigsten Wendepunkte der Verfassung waren die Einführung der Demokratie und der Republik und gleichzeitig die Abschaffung der Monarchie und jegliche Verhinderung der neuerlichen Machtergreifung durch die Habsburger-Dynastie. Im Jahr 1929 erfolgte eine erste Novelle, denn die „Macht des Parlaments (die nach dem B-VG 1920 sehr groß war) sollte durch eine gewisse 'Gegenmacht' des Bundespräsidenten in Schranken gehalten werden." (Grundriß, 21)

Die Fronten zwischen den Parteien verhärteten sich jedoch weiter, und zwar im buchstäblichen Sinne: Die Christlichsozialen und Sozialdemokraten hatten mit Heimwehr und Schutzbund ihre eigenen paramilitärischen Organisationen. Die sogenannte Selbstausschaltung des Parlaments am 4.3.1933 (Rücktritt aller drei Präsidenten des Nationalrates) nahm Bundeskanzler Engelbert Dollfuß zum Anlass alle Vollmachten an sich zu reißen und über Notverordnungen weiter zu regieren. Nach bewaffneten Auseinandersetzungen wurde die sozialdemokratische Partei verboten und am 1.5.1934 eine „ständestaatliche Verfassung" durch Verordnung erlassen. „Damit war – unter Bruch der Rechtskontinuität – die ständestaatliche Ära eingeleitet, die bis 13.3.1938 (Okkupation Österreichs durch das Deutsche Reich) währte". (Grundriß, 21)

„Die kontinuierliche Entwicklung des österreichischen Verfassungsrechts beginnt mit der Unabhängigkeitserklärung (Proklamation über die Selbständigkeit Österreichs vom 27.4.1945). Darin wurde – neben programmatischen Erklärungen – insbesondere normiert, daß 'die demokratische Republik Österreich … wiederhergestellt und im Geiste der Verfassung von 1920 einzurichten' ist (Art I) und der 'Anschluß … null und nichtig' ist (Art II); weiters, daß zur Durchführung der Unabhängigkeitserklärung eine Provisorische Staatsregierung eingesetzt und 'vorbehaltlich der Rechte der besetzenden Mächte mit der vollen Gesetzgebungs- und Vollzugsgewalt betraut' wird (Art III)." (Grundriß, 22f) Abgesehen von dieser Proklamation und dem Verfassungsüberleitungsgesetz (V-ÜG) sowie dem Rechtsüberleitungsgesetz (R-ÜG) sind der Staatsvertrag und das Neutralitätsgesetz die ersten und wichtigsten Teile der Österreichischen Verfassung in der 2. Republik.

Der Staatsvertrag (StV), der am 15. Mai 1955 im Wiener Belvedere unterzeichnet wurde, ging am 27. Juli, nach Ratifizierung durch UdSSR, USA, Frankreich und Großbritannien in Kraft. „Durch diese Bestimmungen wird Österreich zur Einhaltung der demokratischen Staatsform mit freiem, gleichem und allgemeinem Wahlrecht verpflichtet (Artikel 8); weiters enthält der StV in Artikel 4 eine Verpflichtung zur Beibehaltung der staatlichen Selbstständigkeit (das 'Anschlußverbot'...)" (Grundriß, 28). Laut Rechtsexperten ist damit die Demokratie in Österreich nicht nur verfassungsrechtlich, sondern auch völkerrechtlich verankert. Das gilt auch für die Neutralität. Beide Staatsverträge sollen hier ausführlich zitiert werden, auch als Beispiel dafür, dass man Gesetzestexte so formulieren kann, dass sie Bürger dieses Landes genauso gut verstehen wie Rechtsgelehrte.

Artikel 1. **Wiederherstellung Österreichs als freier und unabhängiger Staat**

Die Alliierten und Assoziierten Mächte anerkennen, daß Österreich als ein souveräner, unabhängiger und demokratischer Staat wiederhergestellt ist.

Artikel 2. **Wahrung der Unabhängigkeit Österreichs**

Die Alliierten und Assoziierten Mächte erklären, daß sie die Unabhängigkeit und territoriale Unversehrtheit Österreichs, wie sie gemäß dem vorliegenden Vertrag festgelegt sind, achten werden.

Artikel 3. **Anerkennung der Unabhängigkeit Österreichs durch Deutschland**

Die Alliierten und Assoziierten Mächte werden in den deutschen Friedensvertrag Bestimmungen aufnehmen, welche die Anerkennung der Souveränität und Unabhängigkeit Österreichs durch Deutschland und den Verzicht Deutschlands auf alle territorialen und politischen

Ansprüche in bezug auf Österreich und österreichisches Staatsgebiet sichern.

Artikel 4. **Verbot des Anschlusses**

1. Die Alliierten und Assoziierten Mächte erklären, daß eine politische oder wirtschaftliche Vereinigung zwischen Österreich und Deutschland verboten ist. Österreich anerkennt voll und ganz seine Verantwortlichkeiten auf diesem Gebiete und wird keine wie immer geartete politische oder wirtschaftliche Vereinigung mit Deutschland eingehen.

2. Um einer solchen Vereinigung vorzubeugen, wird Österreich keinerlei Vereinbarung mit Deutschland treffen oder irgendeine Handlung setzen oder irgendwelche Maßnahmen treffen, die geeignet wären, unmittelbar oder mittelbar eine politische oder wirtschaftliche Vereinigung mit Deutschland zu fördern oder seine territoriale Unversehrtheit oder politische oder wirtschaftliche Unabhängigkeit zu beeinträchtigen. Österreich verpflichtet sich ferner, innerhalb seines Gebietes jede Handlung zu verhindern, die geeignet wäre, eine solche Vereinigung mittelbar oder unmittelbar zu fördern, und wird den Bestand, das Wiederaufleben und die Tätigkeit jeglicher Organisationen, welche die politische oder wirtschaftliche Vereinigung mit Deutschland zum Ziele haben, sowie großdeutsche Propaganda zugunsten der Vereinigung mit Deutschland verhindern.

Artikel 5. **Grenzen Österreichs**

Die Grenzen Österreichs sind jene, die am 1. Jänner 1938 bestanden haben.

Artikel 6. **Menschenrechte**

1. Österreich wird alle erforderlichen Maßnahmen treffen, um allen unter österreichischer Staatshoheit lebenden Personen ohne Unterschied von Rasse, Geschlecht, Sprache oder Religion den Genuß der Menschenrechte und der Grundfreiheiten einschließlich der Freiheit der Meinungsäußerung, der Presse und Veröffentlichung, der Religionsausübung, der politischen Meinung und der öffentlichen Versammlung zu sichern.

2. Österreich verpflichtet sich weiters dazu, daß die in Österreich geltenden Gesetze weder in ihrem Inhalt noch in ihrer Anwendung zwischen Personen österreichischer Staatsangehörigkeit auf Grund ihrer Rasse, ihres Geschlechtes, ihrer Sprache oder ihrer Religion, sei es in bezug auf ihre Person, ihre Vermögenswerte, ihre geschäftlichen, beruflichen oder finanziellen Interessen, ihre Rechtsstellung, ihre

politischen oder bürgerlichen Rechte, sei es auf irgendeinem anderen Gebiete, diskriminieren oder Diskriminierungen zur Folge haben werden.

Artikel 7. **Rechte der slowenischen und kroatischen Minderheiten**

1. Österreichische Staatsangehörige der slowenischen und kroatischen Minderheiten in Kärnten, Burgenland und Steiermark genießen dieselben Rechte auf Grund gleicher Bedingungen wie alle anderen österreichischen Staatsangehörigen einschließlich des Rechtes auf ihre eigenen Organisationen, Versammlungen und Presse in ihrer eigenen Sprache.

[2. ... 4...] 5. Die Tätigkeit von Organisationen, die darauf abzielen, der kroatischen oder slowenischen Bevölkerung ihre Eigenschaft und ihre Rechte als Minderheit zu nehmen, ist zu verbieten.

Artikel 8. **Demokratische Einrichtungen**

Österreich wird eine demokratische, auf geheime Wahlen gegründete Regierung haben und verbürgt allen Staatsbürgern ein freies, gleiches und allgemeines Wahlrecht sowie das Recht, ohne Unterschied von Rasse, Geschlecht, Sprache, Religion oder politische Meinung zu einem öffentlichen Amte gewählt zu werden.

Artikel 9. **Auflösung nazistischer Organisationen**

1. Österreich wird die bereits durch die Erlassung entsprechender und von der Alliierten Kommission für Österreich genehmigter Gesetze begonnenen Maßnahmen zur Auflösung der nationalsozialistischen Partei und der ihr angegliederten und von ihr kontrollierten Organisationen einschließlich der politischen, militärischen und paramilitärischen auf österreichischem Gebiet vollenden. Österreich wird auch die Bemühungen fortsetzen, aus dem österreichischen politischen, wirtschaftlichen und kulturellen Leben alle Spuren des Nazismus zu entfernen, um zu gewährleisten, daß die obgenannten Organisationen nicht in irgendeiner Form wieder ins Leben gerufen werden, und um alle nazistische oder militaristische Tätigkeit und Propaganda in Österreich zu verhindern.

2. Österreich verpflichtet sich, alle Organisationen faschistischen Charakters aufzulösen, die auf seinem Gebiete bestehen, und zwar sowohl politische, militärische und paramilitärische, als auch alle anderen Organisationen, welche eine irgendeiner der Vereinten Nationen feindliche Tätigkeit entfalten oder welche die Bevölkerung ihrer demokratischen Rechte zu berauben bestrebt sind.

3. Österreich verpflichtet sich, unter der Androhung von Strafsanktionen, die umgehend in Übereinstimmung mit den österreichischen Rechtsvorschriften festzulegen sind, das Bestehen und die Tätigkeit der obgenannten Organisationen auf österreichischem Gebiete zu untersagen.

Weitere Artikel des Staatsvertrages regeln die Behandlung von Kriegsgefangenen, Kriegsgräbern und Denkmälern, den Rückzug der aliierten Streitkräfte, sowie die deutschen Vermögenswerte in Österreich. Nicht unwichtig für den Wiederaufbau:

Artikel 21. **Reparationen**
Von Österreich werden keine Reparationen verlangt, die sich aus dem Bestehen eines Kriegszustandes in Europa nach dem 1. September 1939 ergeben.

Vielleicht haben manche vergessen, dass der 26. Oktober, das Datum des österreichischen Nationalfeiertags, an den Beschluss des Neutralitätsgesetzes erinnert, nicht an die Unterzeichnung des Staatsvertrags im gleichen Jahr. Hier der amtliche Wortlaut des Neutralitätsgesetzes:

Bundesverfassungsgesetz vom 26. Oktober 1955, BGBl. Nr. 211, über die Neutralität Österreichs. Der Nationalrat hat beschlossen:

Artikel I. (1) Zum Zwecke der dauernden Behauptung seiner Unabhängigkeit nach außen und zum Zwecke der Unverletzlichkeit seines Gebietes erklärt Österreich aus freien Stücken seine immerwährende Neutralität. Österreich wird diese mit allen ihm zu Gebote stehenden Mitteln aufrechterhalten und verteidigen.

(2) Österreich wird zur Sicherung dieser Zwecke in aller Zukunft keinen militärischen Bündnissen beitreten und die Errichtung militärischer Stützpunkte fremder Staaten auf seinem Gebiete nicht zulassen.

Artikel II. Mit der Vollziehung dieses Bundesverfassungsgesetzes ist die Bundesregierung betraut.

Die Todesstrafe als Bruchlinie
Aritkel 85, Menschenrechtskonvention
und Charta der Grundrechte

B-VG Artikel 85. Die Todesstrafe ist abgeschafft.

Gut, dass auch das gesagt wurde. Damit hat der Gesetzgeber bewiesen, dass ein Verfassungsgesetz auch kurz, prägnant, für jeden verständlich und als Grundwert nachhaltig wirksam sein kann. Im direkten Widerspruch dazu steht aber Artikel 2 der *Europäischen Menschenrechtskonvention, A. Konvention zum Schutze der Menschenrechte und Grundfreiheiten* vom 4. November 1950, die ebenfalls Verfassungsrang besitzt.

Artikel 2 (1) Das Recht jedes Menschen auf das Leben wird gesetzlich geschützt. Abgesehen von der Vollstreckung eines Todesurteils, das von einem Gericht im Falle eines durch Gesetz mit der Todesstrafe bedrohten Verbrechens ausgesprochen worden ist, darf eine absichtliche Tötung nicht vorgenommen werden. (2) Die Tötung wird nicht als Verletzung dieses Artikels betrachtet, wenn sie sich aus einer unbedingt erforderlichen Gewaltanwendung ergibt: a) um die Verteidigung eines Menschen gegenüber rechtswidriger Gewaltanwendung sicherzustellen; b) um eine ordnungsgemäße Festnahme durchzuführen oder das Entkommen einer ordnungsgemäß festgehaltenen Person zu verhindern; c) um im Rahmen der Gesetze einen Aufruhr oder einen Aufstand zu unterdrücken.

Der Widerspruch zu Artikel 85 ist den Politikern immerhin schon 1985 aufgefallen, als das *Protokoll Nr. 6 zur Konvention zum Schutze der Menschenrechte und Grundfreiheiten über die Abschaffung der Todesstrafe* beschlossen wurde.

„Artikel 1 Die Todesstrafe ist abgeschafft. Niemand darf zu dieser Strafe verurteilt oder hingerichtet werden."

Eine sonderbare Ausnahmeregelung folgt Gewehr bei Fuß: *„Artikel 2 Ein Staat kann durch Gesetz die Todesstrafe für Taten vorsehen, welche in Kriegszeiten oder bei unmittelbarer Kriegsgefahr begangen werden; [...]"*

Dieser Widerspruch ist den Politikern immerhin schon 2005 aufgefallen, und so wurde *im Protokoll Nr. 13 zur Konvention zum Schutz der Menschenrechte über die vollständige Abschaffung der Todesstrafe* der Absatz 2 folgendermaßen geändert:

„Von diesem Protokoll darf nicht nach Artikel 15 der Konvention abgewichen werden." Der Artikel 15 beschäftigt sich mit dem Außerkraftsetzen der Bestimmung *„im Falle eines Krieges oder eines anderen öffentlichen Notstandes".*

Österreich kann also, was die Abschaffung der Todesstrafe betrifft, als Pionier in Europa bezeichnet werden. Und damit die Abschaffung auch wirklich hält, hat Österreich 2009 die Charta der Grundrechte der Europäischen Union in den Verfassungsrang gehoben, die so wie die UN-Menschenrechtsdeklaration die Würde des Menschen an die erste Stelle setzt. Darauf folgt

Artikel 2 (1) Jeder Mensch hat das Recht auf Leben. (2) Niemand darf zur Todesstrafe verurteilt oder hingerichtet werden.

In diesem Punkt herrscht somit seit vielen Jahren (ob endgültig oder immerwährend, sei dahingestellt) europäischer Konsens. Dieser Konsens ist mittlerweile zu einer der größten Bruchlinien zwischen Amerika und Europa geworden. Beide Kontinente werden in historischen Abhandlungen immer noch mit dem Überbegriff „der Westen" in einen Topf geworfen; prominentes Beispiel ist Niall Ferguson mit seinem Buch „Der Westen und der Rest der Welt" (erschienen 2011).

Der Umgang mit Waffen illustriert, was die USA und Europa voneinander trennt. Erstmals marschierten Anfang 2018 Jugendliche nach einem Schulmassaker nach Washington, um gegen das US-Waffengesetz zu protestieren. "School Shootings" sind in den USA keine Einzelfälle, sondern an der Tagesordnung. Insgesamt gab es dort allein in den ersten sieben Wochen dieses Jahres 18 derartige Vorfälle an Schulen und Universitäten, rund 300 waren es in den fünf Jahren davor.

Der Präsident der Waffenlobby NRA, Wayne LaPierre,

kennt die Lösung für dieses Problem. Bereits 2012 hat er von der Kanzel gepredigt: "The only thing that stops a bad guy with a gun is a good guy with a gun." Es ist kein Geheimnis, dass Donald Trumps Wahlkampf von der NRA gesponsert wurde. Und es ist keine Verschwörungstheorie zu behaupten, dass der jetzige US-Präsident dieselbe Weltanschauung wie der NRA-Präsident vertritt.

Für einen Europäer ist es schwer nachvollziehbar, dass diese Einstellung in den USA nicht nur mehrheitsfähig ist, sondern dass die Mehrheit der US-Bürger diese Überzeugung tatsächlich vertritt. Die private Verwendung von Schusswaffen ist in Amerika Ausdruck der persönlichen Freiheit während sie in Europa als Bedrohung der Sicherheit empfunden wird.

Die Hinrichtung wurde in allen EU-Staaten als inhumane Strafmaßnahme abgeschafft, während sie in den USA ganz selbstverständlich als Abschreckung vor Gewalttaten gesehen wird – auch wenn jeder Amoklauf diese Theorie widerlegt. Der Begriff der "Mentalität" ist zwar außer Mode geraten, doch es gibt kein besseres Wort als "Mentalitätsunterschied", um die Unvereinbarkeit von US-amerikanischer und EU-europäischer Denkweise zu charakterisieren.

(Details siehe „Atlantische Bruchlinien", Gastkommentar des Autors in der Wiener Zeitung vom 19.3.2018. Siehe auch: ethos.at/Thaler)

Finanzkapitalismus unterwandert die Demokratie
Artikel 50, 50a bis 50d

Teil E des *Zweiten Hauptstückes* handelt von der *Mitwirkung des Nationalrates und des Bundesrates an der Vollziehung des Bundes* und beginnt einmal mehr mit rein bürokratischen Anweisungen:

Artikel 50. (1) Der Abschluss von 1. politischen Staatsverträgen und Staatsverträgen, die gesetzändernden oder gesetzesergänzenden Inhalt haben und nicht unter Art. 16 Abs. 1 fallen, sowie 2. Staatsverträgen, durch die die vertraglichen Grundlagen der Europäischen Union geändert werden, bedarf der Genehmigung des Nationalrates. (2) Für Staatsverträge gemäß Abs. 1 Z 1 gilt darüber hinaus Folgendes: ...

Was „Folgendes" beinhaltet ist sehr langatmig und nur für Verfassungsexperten von Interesse. Zwei Absätze können jedoch zum Verständnis und zur Beurteilung von Österreichs und Europas Außenpolitik, insbesondere der vergangen fünf Jahre von Bedeutung sein: Sie bringen auf den Punkt, dass die Art und Weise wie TTIP, CETA und andere Handelsverträge ausgehandelt wurden vermutlich mit keiner Demokratie der EU vereinbar sind, jedoch sicher nicht mit der Österreichischen Verfassung.

Artikel 50 (4) Staatsverträge gemäß Abs.1 Z 2 dürfen unbeschadet des Art. 44 Abs. 3 nur mit Genehmigung des Nationalrates und mit Zustimmung des Bundesrates abgeschlossen werden. [...] (5) Der Nationalrat und der Bundesrat sind von der Aufnahme von Verhandlungen über einen Staatsvertrag gemäß Abs. 1 unverzüglich zu unterrichten.

Im Jahr 2012 (Regierung Werner Faymann, SPÖ), vier Jahre nach Ausbruch der internationalen Finanzkrise wurden an den Artikel 50 noch vier weitere angehängt: 50a bis 50d. Und die sollte man aufmerksam lesen!

Artikel 50a. Der Nationalrat wirkt in Angelegenheiten des Europäischen Stabilitätsmechanismus mit.

Was der „*Europäische Stabilitätsmechanismus*" ist, wird im B-VG an keiner Stelle erklärt. Das haben die Bürger dieses Landes einfach zu wissen. Hier sei ein Klick auf Wikipedia erlaubt: „Der Europäische Stabilitätsmechanismus (kurz ESM, englisch European Stability Mechanism) ist eine Finanzierungsinstitution mit Sitz in Luxemburg. Er wurde durch einen am 27. September 2012 in Kraft getretenen völkerrechtlichen Vertrag gegründet. Der ESM ist Teil des 'Euro-Rettungsschirms' und wird die Europäische Finanzstabilisierungsfazilität (EFSF) ablösen. … Mit dem ESM sollen zahlungsunfähige Mitgliedstaaten der Eurozone, unter Einhaltung wirtschaftspolitischer Auflagen (Artikel 13 des ESM-Vertrages), mit Krediten der Gemeinschaft der Euro-Staaten unterstützt werden, wobei auch anderen Mitgliedstaaten der Europäischen Union der Beitritt zu diesem Vertrag offensteht (Art. 44)."

Nachdem die Marschrichtung mit Artikel 50a geklärt war, gab es nichts Wichtigeres zu tun als das bürokratische Prozedere in diesem Mitwirkungsprozess in der Verfassung zu verankern. Dieses Prozedere soll wohl garantieren, dass *ein österreichischer Vertreter im Europäischen Stabilitätsmechanismus* ohne Nachweis von Fachkompetenzen antreten kann. Denn der Vertreter in diesem Gremium kann jede Entscheidung in seinem Amt nur nach Ermächtigung des Nationalrates und Zustimmung der Bundesregierung treffen, siehe Artikel 50b:

Artikel 50b. Ein österreichischer Vertreter im Europäischen Stabilitätsmechanismus darf

1. einem Vorschlag für einen Beschluss, einem Mitgliedstaat grundsätzlich Stabilitätshilfe zu gewähren,

2. einer Veränderung des genehmigten Stammkapitals und einer Anpassung des maximalen Darlehensvolumens des Europäischen Stabilitätsmechanismus sowie einem Abruf von genehmigtem nicht eingezahlten Stammkapital und

3. Änderungen der Finanzhilfeinstrumente nur zustimmen oder sich bei der Beschlussfassung enthalten, wenn ihn der Nationalrat auf

Grund eines Vorschlages der Bundesregierung dazu ermächtigt hat. In Fällen besonderer Dringlichkeit kann der zuständige Bundesminister den Nationalrat befassen. Ohne Ermächtigung des Nationalrates muss der österreichische Vertreter den Vorschlag für einen solchen Beschluss ablehnen.

Artikel 50c. (1) Der zuständige Bundesminister hat den Nationalrat unverzüglich in Angelegenheiten des Europäischen Stabilitätsmechanismus gemäß den Bestimmungen des Bundesgesetzes über die Geschäftsordnung des Nationalrates zu unterrichten. Durch das Bundesgesetz über die Geschäftsordnung des Nationalrates sind Stellungnahmerechte des Nationalrates vorzusehen.

(2) Hat der Nationalrat rechtzeitig eine Stellungnahme in Angelegenheiten des Europäischen Stabilitätsmechanismus erstattet, so hat der österreichische Vertreter im Europäischen Stabilitätsmechanismus diese bei Verhandlungen und Abstimmungen zu berücksichtigen. Der zuständige Bundesminister hat dem Nationalrat nach der Abstimmung unverzüglich Bericht zu erstatten und ihm gegebenenfalls die Gründe mitzuteilen, aus denen der österreichische Vertreter die Stellungnahme nicht berücksichtigt hat.

(3) Der zuständige Bundesminister berichtet dem Nationalrat regelmäßig über die im Rahmen des Europäischen Stabilitätsmechanismus getroffenen Maßnahmen.

Artikel 50d. (1) Das Nähere zu den Art. 50b und 50c Abs. 2 und 3 bestimmt das Bundesgesetz über die Geschäftsordnung des Nationalrates.

(2) Durch das Bundesgesetz über die Geschäftsordnung des Nationalrates können weitere Zuständigkeiten des Nationalrates zur Mitwirkung an der Ausübung des Stimmrechtes durch österreichische Vertreter im Europäischen Stabilitätsmechanismus vorgesehen werden.

(3) Zur Mitwirkung in Angelegenheiten des Europäischen Stabilitätsmechanismus wählt der mit der Vorberatung von Bundesfinanzgesetzen betraute Ausschuss des Nationalrates ständige Unterausschüsse. Jedem dieser ständigen Unterausschüsse muss mindestens ein Mitglied jeder im Hauptausschuss des Nationalrates vertretenen Partei angehören. Zuständigkeiten des Nationalrates nach Abs. 2, Art. 50b und 50c können durch das Bundesgesetz über die Geschäftsordnung des Nationalrates diesen ständigen

Unterausschüssen übertragen werden. Das Bundesgesetz über die Geschäftsordnung des Nationalrates hat Vorsorge zu treffen, dass die ständigen Unterausschüsse jederzeit einberufen werden und zusammentreten können. Wird der Nationalrat nach Art. 29 Abs. 1 vom Bundespräsidenten aufgelöst, so obliegt den ständigen Unterausschüssen die Mitwirkung in Angelegenheiten des Europäischen Stabilitätsmechanismus.

Wie das Finanzministerium mitteilte (per Mail am 23.7.2019 an den Autor), ist der österreichische Vertreter im ESM-Gouverneursrat immer der Bundesminister für Finanzen: „Die Besetzung des Gouverneurs ist im ESM-Vertrag vorgegeben (Minister mit den Agenden für Finanzen). Art. 5 Abs. 1 ESM-V: '(1) Jedes ESM-Mitglied ernennt ein Mitglied des Gouverneursrats und ein stellvertretendes Mitglied des Gouverneursrats. Die Ernennungen können jederzeit widerrufen werden. Das Mitglied des Gouverneursrats ist ein Regierungsmitglied des jeweiligen ESM-Mitglieds mit Zuständigkeit für die Finanzen. Das stellvertretende Mitglied des Gouverneursrats ist bevollmächtigt, bei Abwesenheit des Gouverneursratsmitglieds in dessen Namen zu handeln.' Diese Positionen werden unentgeltlich ausgeübt."

Naive Frage: Warum stehen die Artikel 50a und in weiterer Folge die Artikel 50b bis 50d überhaupt in der Verfassung, zumal *ein* - im B-VG nicht weiter definierter - *österreichischer Vertreter im Europäischen Stabilitätsmechanismus* völlig überflüssig ist, wenn laut ESM-Vertrag der Finanzminister höchst persönlich im Gouverneursrat sitzt.

Wichtiger aber ist die Frage, wie stark der Einfluss der Finanzindustrie auf die Demokratien unserer Zeit und insbesondere auf die österreichische Demokratie und ihre Fundamente ist.

Der Europäische Stabilitätsmechanismus wurde mit einem anfänglichen Stammkapital von 700 Milliarden Euro ausgestattet. Nur naive Menschen können glauben, dies sollte reichen, um den Euro zu retten. Mario Draghi ist kein naiver Mensch, sondern Präsident der EZB. Mit seinem berühmten Satz (Rede vom 26. Juli 2012) "Die EZB ist innerhalb ihres

Mandats bereit, zu tun, was immer nötig sein wird, um den Euro zu schützen" hat er – wie Medien unisono berichten - „zur Beruhigung der Finanzmärkte" beigetragen. Die magische Wirkung seiner Worte kommt im englischen Originalton noch besser zu Geltung: „Whatever it takes".

Im März 2015, am Höhepunkt der Griechenland-Krise brachte Draghi schließlich sein Beruhigungsmittel auf den Markt. Aus dem Nichts schöpfte die EZB danach monatlich 60 Milliarden Euro um Anleihen zu kaufen. Bis Dezember 2018 waren das in Summe 2,6 Billionen Euro. „Die Erholung im Euro-Raum hängt immer noch in einem beträchtlichen Ausmaß von einer konjunkturstützenden Geldpolitik ab", sagte Draghi im November 2016 auf einer Bankenkonferenz in Frankfurt. Man muss davon ausgehen, dass dieser Mann glaubt, was er sagt. Faktum ist, dass sogar Spitzenfunktionäre der Banken regelmäßig darauf hingewiesen haben, dass von diesem Geld nichts in der Realwirtschaft ankommt, u.a. Karl Sevelda, CEO der Raiffeisen Bank International AG (RBI): „Das Problem ist nur, dass im obersten Stock der EZB der Markt mit Liquidität überflutet wird und Herr Draghi die Banken auffordert, noch mehr Kredite zu geben und Geld noch billiger zu machen. Hingegen bremst im Stockwerk darunter die Bankenaufsicht die Kreditvergabe wieder, indem sie permanent die Anforderungen punkto Eigenkapitalunterlegung erhöht." (trend 12 / 25.3.2016)

Absurdität am Rande: Das Anleihenkaufprogramm war und ist im gigantischen Finanzkarussell kein großes Ding, sondern bestenfalls dazu geeignet, den großen internationalen Playern zu sagen, dass Europa weiter im Spiel bleiben wird. Allein die Top 5 Hedge-Fonds (mittlerweile gibt es tausende weltweit) haben ein Spielkapital von 350 Milliarden Dollar. Indessen landeten die EZB-Milliarden explizit nicht bei Staaten wie Griechenland, die in wirtschaftlicher Not stehen, sondern nur bei Staaten, denen es gut geht und die das Geld gar nicht benötigen. Die Vermutung liegt nahe, dass es Draghi vor allem darum geht, die Forderungen von Banken, die sich jahrelang mit Wucherzinsen auf Staatsanleihen und sonstigen spekulativen Produkten goldene Nasen verdient haben, vor einem Schuldenschnitt zu retten. Das ist es, was Draghi mit „Eurorettung" gemeint hat.

„Statt eine taugliche Geldpolitik auf die Reihe zu bringen, tappt die Europäische Zentralbank (EZB) erfolglos auf dem Finanzparkett herum", schreibt der Wiener Wirtschaftsjournalist Wolfgang Freisleben (Amerika Syndikat, 17). Niemand geringerer als der Wirtschaftsnobelpreisträger Joseph Stiglitz bestätigt: „Wie der Euro kam auch die EZB mit einem Geburtsfehler zur Welt. [...] Als die EZB 1998 im Zuge der Euro-Einführung gegründet wurde, schränkte man ihre Handlungsfreiheit bewusst ein und verpflichtete sie auf ein einziges, klares Mandat: Die Aufrechterhaltung der Preisstabilität. Darin unterscheidet sie sich grundsätzlich von der US-Notenbank, deren Mandat sich nicht nur auf Inflationsbekämpfung, sondern auch auf Förderung von Wachstum und Vollbeschäftigung erstreckt." (Stiglitz, 190 f)

Stiglitz kritisiert weiters „die mangelhaften Aufsichtsstrukturen [der EZB], in denen sich die unzureichende demokratische Legitimierung widerspiegelt, [...] Ihre Politik scheint oftmals mehr mit den Interessen und Werten der Banken in Einklang zu stehen als mit den Belangen der Bürger, denen sie doch eigentlich dienen sollte." (Stiglitz, 189) Letztlich war die Konstruktion der EZB ebenso wie ihre Geldpolitik immer von einer Ideologie getragen, der „Ideologie des Marktfundamentalismus" (Stiglitz, 48), der sich seit der Einführung des Euro auch die europäischen Politiker ohne Widerstand untergeordnet haben.

Am radikalsten hat dieses System, in dem Gewinne privatisiert und gleichzeitig Schulden verstaatlicht werden, Michael Hudson, Wirtschaftsprofessor an der University of Missouri, ehemals Berater an der Wallstreet und nun Teil der Occupy-Wallstreet-Bewegung analysiert: „Durch das geldpolitische Instrument der quantitativen Lockerung [quantitative easing] hat die Europäische Zentralbank [...] Geld geschöpft, um die Forderung von Banken und Anleihegläubigern aus notleidenden Krediten und Investitionen zu erfüllen. Aber sie schöpft kein Geld zur Ankurbelung der Konjunktur in Europa. Im Gegenteil: Die

Regierungen der Eurozone verfolgen eine strenge Sparpolitik und opfern die Wirtschaft auf dem Altar der Gläubigerforderungen, denen sie den Vorrang einräumen". (Hudson, 12)

Hudson bestätigt die Kritik von Stiglitz, „dass die neoliberalen Gründer der EZB der Zentralbank bewusst die Hände banden, indem sie ihr verboten, Staaten zu finanzieren. Ihr einziger Zweck war es, Geld von den Staaten zu kassieren. Sie war das Gegenteil einer 'echten' Zentralbank." (Hudson, 441) Eine seiner Grundthesen: „Hinter jeder Wirtschaft steht ein Plan. Aber wer ist für diesen Plan verantwortlich? Die Banken oder demokratisch gewählte Regierungen? [...] Die Banken verunglimpfen öffentliche Investitionen. Sie geißeln die Verlagerung der Steuerlast von den Lohneinkommen auf die Rentier-Profite." (Hudson, 54 f). Daraus folgt: „Hochfinanz und Demokratie vertragen sich nicht gut." (Hudson, 433)

Zur Klarstellung: Wenn in der Finanzwirtschaft von „Rentier-Profiten" oder von „Renten" die Rede ist, dann geht es nicht um die Einkommen der Rentner und Pensionisten, sondern um die Gewinnmargen der Banken. Ein anderes Wort, das zu weniger Verwechslungen führt ist „Rendite". Was die Bank unter „Rendite" verbucht muss der Kreditnehmer als „Zinsen" zahlen.

Obwohl die Banken zum Nulltarif Geld beziehen und es zu hohen Kreditzinsen verleihen, jammern sie über niedrige Renditen und rechtfertigen damit, dass sie munter ihre Spekulationsgeschäfte weiter betreiben. So fließen Milliardenbeträge direkt in die Irrealwirtschaft und schädigen damit die Realwirtschaft; indirekt, indem das Geschäftsmodell der Banken als Dienstleistungspartner der Unternehmen in den Hintergrund gedrängt wird, direkt, indem die Hürden für Kredite immer höher gelegt werden und diese von Kleinbetrieben kaum noch überwunden werden können.

Hudson hat akribisch an den Beispielen Irland, Lettland und Griechenland dokumentiert, wie der Finanzkapitalismus zur Zerstörung der Realwirtschaft beigetragen hat. Mit Begriffen wie „Ansteckungsgefahr" oder „ungeordneter Grexit" haben Politiker die Angst in Europa geschürt, mit der

Suggestion, dass es keine Alternative zur Austerität (Sparpolitik) gebe. So wurde die Ideologie der Finanzindustrie zur Maxime Politik: „Die Behauptung, ein erzwungener teilweiser Forderungsverzicht von Anleihegläubigern würde zum Zusammenbruch des Finanzsystems führen, indem er das 'Vertrauen' zerstöre, ist ein PR-Mythos. Erfunden von den Lobbyisten der Anleihegläubiger als Teil ihrer alarmistischen Strategie...“ (Hudson, 427)

„Der Sektor“ ist der Titel von Hudsons Buch über die Finanzindustrie (erschienen 2016). Der Sektor hat das Leben von Mario Draghi bis zum Gipfel seiner Karriere als Präsident der EZB von 2011 bis 2019 geprägt. Dass nachträglich die nicht statutengemäße Finanzpolitik der EZB vom Europäischen Gerichtshof als gesetzeskonform ausgelegt wurde, zeigt wie weit der Einfluss der Finanz-Lobbyisten reicht. Dagegen haben die zaghaften Versuche der Politik die Finanzmärkte zu kontrollieren lediglich dazu geführt, dass der normale Bürger und die Mehrheit der Klein- und Mittelbetriebe nicht mehr kreditwürdig sind. Dem gegenüber hat die EU weder eine Transaktionssteuer für die Milliardenbeträge, die täglich zwischen den Playern des Sektors verschoben werden, zustande gebracht, noch ein Verbot von Hedgefonds und ihren hochspekulativen Derivaten, die schöne Namen wie „Futures“, „Optionen“ oder „Zertifikate“ tragen.

Zur Finanzindustrie zählen nicht nur die internationalen Großbanken, sondern auch tausende Hedgefonds. „Hedge“ (Englisch für „Hecke“) war ursprünglich ein Instrument, um Wechselkurs-Schwankungen bei internationalen Handelsgeschäften abzusichern. Heute steht Hedge für „Hebel“, der darin besteht, dass der Hedgefonds auf sein „Eigenkapital“, so bezeichnet er das Geld seiner Anleger, Kredite aufnimmt. Die Anlegergelder, für die der Hedgefonds nicht haftet, weil die Anleger ja Eigentümer sind, sind nur der Hebel für die wirklich großen Summen, für die der Hedgefonds nicht haftet, weil die kreditgebende Bank schlimmstenfalls die Verluste tragen muss. Mit diesen Summen wird dann je nach „Geschäftsmodell“, also nach Willkür des Managements, weiter in der Irrealwirtschaft spekuliert (insbesondere durch immer neue Derivate, die keiner

Kontrolle unterliegen) oder in der Realwirtschaft nach Übernahmeopfern gesucht (Stichwort „Heuschrecken").

Wann immer die Ideologen des Marktliberalismus von „Freiheit des Marktes" sprechen meinen sie die Willkür des Finanzsektors. So dreht sich das Spekulationskarussell weiter und schneller denn je. Das Internetportal The Money Project visualisiert in übersichtlichen Grafiken die Geldmenge, die weltweit in Umlauf ist. Demnach betragen die Schulden (Staatsschulden + Unternehmen + Privathaushalte) insgesamt 215 Billionen Dollar. Das Volumen aller Derivate dieser Welt - vereinfacht gesagt das Spielgeld, mit dem Banken und Hedgefonds miteinander und gegeneinander zocken - beträgt dagegen 544 Billionen Dollar.

Bleibt zu hoffen, dass die Diagnose des Ex-CDU-Politikers Heiner Geißler, der wie ein Wanderprediger durch deutsche Talkshows zieht, bald auch bei den aktiven Politikern ankommt. Der Geißler des bestehenden Systems meint: „83 Prozent der Menschen haben ihr Vertrauen in das ökonomische System des Kapitalismus und nicht der sozialen Markt- wirtschaft verloren. Und sie machen zu Recht die Politik dafür verantwortlich, dass sie das zugelassen hat. Die Politik hätte die Priorität haben müssen, in Wirklichkeit hat sich die Finanz- industrie angemaßt über die Politik zu herrschen. Die erste Finanzkrise ist dadurch entstanden, dass die Gier nach Geld die Gehirne dieser Leute regelrecht zerfressen hat. Heute erleben wir den Zusammenbruch dieses Systems."

Müssen Banken Gewinne machen? Die ersten Genossen- schaftsbanken im 19. Jahrhundert waren weit von der Ideologie der Gewinnmaximierung entfernt. In den vergangenen Jahren versuchten in Österreich ein paar Idealisten eine Gemein- wohlbank zu gründen und sind kläglich gescheitert. Die ursprünglich genossenschaftlich organisierten Raiffeisenbanken und Sparkassen sind längst zum Rädchen im Finanzsektor geworden. Es liegt in der sonderbaren Logik des dieses Sektors - der keiner Regulierung unterliegt - den Abfluss von Geld in die Realwirtschaft zu verhindern.

Warum führt die „Flutung der Finanzmärkte", das exponentielle Wachstum der Geldmenge nicht zur Inflation, sondern im Gegenteil zur Deflation? Das liegt in der Logik dieses Systems, das im Gegensatz zur Realwirtschaft als Irrealwirtschaft bezeichnet werden kann. Dieses System ist nicht mehr für die Unternehmen und am Ende für die Menschen da, sondern ausschließlich für sich selbst, zur Vermehrung von Geld durch Geld. Die systematische Produktion von Geld durch Geld bezeichne ich als Finanzindustrie. Die Methoden der Finanzindustrie unterscheiden sich von denen der Finanzdienstleistung nicht graduell, sondern prinzipiell.

Mit dem Zusammenbruch der Sowjetunion endete auch das Gleichgewicht des Schreckens. Geblieben ist das Ungleichgewicht des Schreckens, das bedeutet 30 Jahre ungebremster Entwicklung des Kapitalismus ohne Gegengewicht. Die Gleichungen des Kalten Krieges (Kommunismus = Diktatur, Kapitalismus = Demokratie) gelten nicht mehr.

So sieht das nicht nur ein ausgewiesener Linker wie Jean Ziegler: „Die 374 größten multinationalen Konzerne, die im S&P-Index zusammengefasst sind, haben heute Finanzreserven von zusammen 655 Milliarden Dollar. Die Summe hat sich seit 1999 verdoppelt. [...] Das durch Unterernährung und Hunger verursachte Massaker an Millionen Menschen ist heute, zu Beginn des dritten Jahrtausends, ein skandalöser Ausdruck des Kampfs der Reichen gegen die Armen, eine Ungeheuerlichkeit, eine Absurdität, die durch nichts zu rechtfertigen und durch keine Politik zu legitimieren ist. Es ist ein unzählige Male wiederholtes Verbrechen gegen die Menschlichkeit." (Ziegler, 50 f).

Einer der reichsten Männer dieser Welt bestätigt dies unverblümt. Warren Buffet: „In den letzten zwanzig Jahren tobte ein Klassenkampf, und meine Klasse hat ihn gewonnen". Besser kann man es nicht sagen: Der Klassenkampf beginnt nicht erst dann, wenn Kommunisten eine Reichensteuer fordern, sondern hat längst stattgefunden, durch die Umverteilung von den Armen zu den Reichen. Die Anzahl der Millionäre hat sich weltweit seit der Finanzkrise 2008 verdoppelt. Österreich liegt voll im Trend.

In der Verfassung Österreichs findet sich kein einziger Artikel, der diese bedenkliche Entwicklung thematisiert und somit kein Instrument um gegenzusteuern.

Bedenklich ist die Selbstermächtigung des Kapitals, die Hand in Hand mit der Selbstentmachtung der Politik geht. „Wir müssen die Finanzmärkte beruhigen", ist seit Ausbruch der Finanzkrise 2008 eine hundertfach wiederholte Forderung von führenden Politikern aller Länder.

Bedenklich ist außerdem die Spaltung der Gesellschaft zwischen Arm und Reich. Die Sozialisten, im 19. Jahrhundert noch die progressiven Kräfte der Gesellschaft, haben im 20. Jahrhundert Speck angesetzt und sind im 21. Jahrhundert nur noch mit sich selbst beschäftigt. Kein Politiker Österreichs, egal welcher Coleur, würde es wagen, ein Verbot des real existierenden Casino-Kapitalismus zu fordern. Steht doch nichts davon in der Verfassung! Aber die Verfassung huschpfusch zu erweitern, das können Politiker jederzeit, wie die Artikel 50a bis 50d über den Europäischen Stabilitäts-mechanismus beweisen.

Juristen sprechen in Bezug auf das B-VG über eine „Spielregelverfassung". Damit bringen sie diplomatisch zum Ausdruck, dass unsere Verfassung keine moralischen Werte postuliert, keine politischen Ziele vorgibt und der Wirtschaft nicht vorschreibt, was sie wie produzieren soll. Daher gibt es auch keinen Artikel, der die Unterwanderung der Demokratie durch die Finanzindustrie verhindern könnte.

Das B-VG ist eine Verfassung voller Formalitäten aber ohne Inhalte. Selbst wenn seit einem Jahrhundert ein Konsens darüber herrscht, dass eine „Spielregelverfassung" das höchste Ideal für rechtswissenschaftliche, rechtserzeugende und recht-sprechende Institutionen ist, so sollte klar sein, dass die Spielregeln nicht von außerparlamentarisch Mächten wie der Finanzindustrie gemacht werden dürfen.

Kann die Verfassung das Bargeld retten?

„Die Verwendung von Bargeld unterliegt keinen Einschränkungen"

Kaum dass die „Expertenregierung" Anfang Juni 2019 angelobt war, haben die Nationalräte aller Coleurs plötzlich entdeckt, dass sie selbständig Gesetzesanträge einbringen können ohne vorab die Sozialpartner um Erlaubnis zu fragen oder auf die Initiativen der Ministerien zu warten. In wenigen Sitzungstagen wurden Dutzende Anträge eingebracht. Ende Juni stand auf der Titelseite der Tageszeitung „Kurier": „Recht auf Barzahlung könnte Verfassungsgesetz werden."

Eingebracht wurde der Antrag, die Verfassung, genauer gesagt den Artikel 5 des Staatsgrundgesetzes (aus dem Jahr 1867) zu ergänzen, von Norbert Hofer, FPÖ. Demnach sollte auf Absatz 1 Artikel 5 ein 2. Absatz folgen. Derzeitiger Wortlaut:

„Das Eigentum ist unverletzlich. Eine Enteignung gegen den Willen des Eigentümers kann nur in den Fällen und in der Art eintreten, welche das Gesetz bestimmt." Vorschlag der FPÖ für den Absatz 2: „Die Verwendung von Bargeld unterliegt keinen Einschränkungen."

Die Formulierung *„Enteignung gegen den Willen des Eigentümers"* wäre eine eigene sprachphilosophische Analyse wert. Wichtiger ist hier aber die Untersuchung der Frage, ob die Verfassung der geeignete Platz ist, um Parteipolitik zu machen.

Nun geht es beim Thema Bargeld nicht direkt um Parteipolitik, indirekt aber doch. Denn die Parteien entdeckten nach dem Ende von „Türkis-Blau" das „freie Spiel der Kräfte" und damit die Chance mit immer neuen Themen zu punkten. Das Neue ist oft das gut vergessene Alte. Die FPÖ hat bereits im Februar 2016 den Antrag „betreffend ein Bundes-verfassungsgesetz über die Freiheit zur unbeschränkten Verwendung von Bargeld im Zahlungsverkehr" eingebracht. Den Artikel haben sie offenbar nicht durchgebracht, doch das Thema hat starke Wellen in den Medien geschlagen. Warum eine Glut, die für Publicity sorgt, nicht wieder anfachen?

Wie man an der zitierten Kurier-Ausgabe sieht, gilt immer noch die alte Wahrheit: Alle Menschen sind vergesslich. Journalisten sind auch nur Menschen.

Im Jahr 2016 hat auch der Buchmarkt das Thema entdeckt. „Achtung! Bargeldverbot! Auf dem Weg zum gläsernen Kontosklaven" so der Publizist Michael Brückner, der den gesamten Inhalt seines Buches schon im Titel verpackt hat. Ebenso emotionalisiert schreibt Urs Scheufele über „Bargeldverbot und Cybergeld" und warnt: „Ökonomen und Politiker weltweit fordern eine zügige Abschaffung des Bargeldes. Es droht die totale Überwachung und die Versklavung zum Konsumtrottel." Im April schüttet Prof. Max Otte Benzin ins Strohfeuer der Bargeldhysterie: "Eine bargeldlose Welt würde uns unserer Freiheit berauben und uns zu schutzlosen Subjekten eines allmächtigen Systems machen. Eine Staats- und Konzernwirtschaft, der wir restlos ausgeliefert sind: In einer bargeldlosen Wirtschaft würden wir zwangsläufig zu 'Geiseln der Banken'". (trend 17/2016)

Otte hat offenbar übersehen, dass wir schon längst, spätestens seit der finanzindustriellen Revolution, schutzlose Objekte des allmächtigen Finanzsystems sind. Denn wenn das bereits allmächtige Finanzsystem nach Wegen sucht, die Bürger zu enteignen, zu überwachen und letztlich zu entmündigen, dann gibt es auch mit Bargeld beliebig viele Möglichkeiten, das zu tun.

Doch der Glaube an den Wert des Geldes hat sich verselbständigt. Wie sich dieser Glaube historisch entwickelte, hat Christina von Braun in ihrem Buch „Der Preis des Geldes" ausführlich beschrieben. Sie erklärt, warum es emotional, ja geradezu religiös aufgeladen ist und der Glaube an Geld als Wertanlage so tief sitzt, obwohl die historischen Tatsachen belegen, dass Geld immer wieder abgewertet oder völlig entwertet wurde. Von Braun: „Deutschland ist das beste Beispiel: Noch Anfang des 19. Jahrhunderts gab es die einzelnen Fürstentümer und Stadtstaaten, dann folgte das Reich (mit wechselnden Grenzen und drei extrem unterschiedlichen politischen Systemen: Monarchie, Republik, Diktatur), danach zwei deutsche Staaten, später ein vereinter Staat, und nun ist

Deutschland ein Teil der europäischen Gemeinschaft. Jede dieser Gemeinschaften hatte und hat ihre eigene Währung." (von Braun, 442) Kurz: Es gibt keine Garantie, dass das Geld seinen Wert behält. Jedenfalls hat es immer seinen Preis. Und der besteht darin, dass „einige daran glauben müssen", wie Christina von Braun treffend formuliert.

Das Horten von Bargeld war zu keiner Zeit Garant für den Erhalt des Vermögens. Umso verwunderlicher ist es, dass viele Menschen noch immer an das Bargeld als Wertaufbewahrungsmittel glauben. Aufgrund der mythischen Tradition des Geldes lässt sich das nur mit dem Glauben an Wunder erklären. Dazu die Position der Österreichischen Nationalbank: „Bargeld hat viele Vorteile: Man hat immer einen guten Überblick über seine Ausgaben. Es ist ein kostengünstiges Zahlungsmittel und es ist ein Wertaufbewahrungsmittel." Folglich dementiert die OeNB jegliche Absicht, Bargeld abzuschaffen.

Die Fakten zeigen, dass nicht der geringste Grund zur Panik besteht. Der Bargeldumlauf in den Euroländern nimmt stetig zu, Ende Februar 2016 betrug dieser 1,088 Billionen Euro und ist bis Oktober 2019 auf 1,258 Billionen Euro angestiegen. (de.statista.com)

Das bedeutet eine Vervierfachung im Vergleich zu 2002, dem Jahr der Euro-Einführung. Laut OeNB hat das Eurosystem durch die Ausgabe der neuen Euro-Banknotenserie ein klares Bekenntnis zur Zukunft des Bar-gelds abgegeben. Bargeld ist demnach in Österreich mit einem Anteil von rund 65 Prozent des Zahlungsvolumens immer noch das wichtigste Zahlungsmittel.

Menschen, die seit zwanzig Jahren Handys und seit zehn Jahren Smartphones bei sich tragen und rund um die Uhr nutzen, sind mehr als idiotisch, wenn sie ausgerechnet in der Abschaffung des Bargeldes den „Weg zum gläsernen Kontosklaven" oder die Ursache der „Versklavung zum Konsumtrottel" sehen. Mehr als idiotisch bedeutet: dumm. Wer damit Panik schürt, leistet keinen Beitrag zur Aufklärung.

Meine Prognose: Das Ende des Bargeldes wird aufgrund des digitalen Fortschritts irgendwann in den kommenden fünfzig Jahren kommen. Ohne Verbot, sondern ganz einfach so. Weil es überflüssig wird, so wie die Telefonzelle und das Festnetztelefon.

Im Rahmen der Einführung der Registrierkassen-Pflicht hat der Gesetzgeber entschieden: die Bezahlung mit Kreditkarte gilt als Bargeldgeschäft. Falls eine Regierung wirklich, aus welchen Gründen auch immer, Bargeld in der heutigen Form verbieten oder abschaffen will, dann kann sie jederzeit feststellen „ein Kontoauszug ist Bargeld". Und diese Behauptung wäre absolut verfassungskonform, auch dann, wenn der Artikel 5, Absatz 2 in der von der FPÖ vorgeschlagenen Form Gesetz wäre: „Die Verwendung von Bargeld unterliegt keinen Einschränkungen." Dieser Zusatzartikel enthält nämlich nicht die zwingende Notwendigkeit, dass der Staat Bargeld in Form von Banknoten und Münzgeld produzieren und seinen Bürgern zur Verfügung stellen muss.

Der Antrag der FPÖ wurde in der Sitzung des Nationalrats am 25. September 2019 von allen Parteien außer der FPÖ abgelehnt obwohl Teile der ÖVP einige Wochen davor noch auf den Bargeldzug aufgesprungen sind. Der Klubzwang lässt grüßen.

Die Bevorzugung des ORF ist verfassungswidrig

Rundfunkgesetz und Artikel 11 Charta der Grundrechte

Die österreichischen Haushalte finanzieren mit ihren Rundfunkgebühren von zuletzt 922,4 Millionen Euro nicht nur den ORF. Dieser bekommt gerade einmal 620 Millionen, wovon 420 für Personalkosten aufgehen. Der Rest wird dem Bund (155,5 Millionen) und den Ländern (146,8 Millionen) abgeliefert. Details über die Rechtmäßigkeit dieser Aufteilung publiziert die Gebühren Info Service GmbH.

„Die GIS: Ein modernes Dienstleistungsunternehmern" (Eigendefinition) beschäftigt 204 Angestellte im Innendienst und 107 freie Dienstnehmerinnen und Dienstnehmer im Außendienst und weist offiziell einen Jahresumsatz von 34,1 Mio Euro aus. Woher kommt das Geld? „Der GIS steht eine Einhebungsvergütung von 2,5 % zu, durch die sich das Unternehmen finanziert." (gis.at)

Da der ORF von Anfang an in der Schusslinie der FPÖVP-Regierung von Sebastian Kurz und H.C. Strache stand, wehrten sich Pflichtverteidiger des ORF gegen die „Bevormundung" durch „die Politik". „Der ORF ist in Gefahr" und „Feuer am Dach" fabuliert die Initiative „Wir für den ORF". Das Bedrohungsszenario: „Die Regierung plant spätestens im Neuen Jahr ein neues ORF-Gesetz. Laut Kenner/innen des politischen Parketts und ORF-Insidern soll über dieses Gesetz ein Journalismus, der auch die Regierungspolitik kritisch einem Fakten- und Wertecheck unterzieht, unterbunden werden."

Fakt ist: Es geht nicht um Bevormundung, sondern um Bevorzugung! Bei dieser und jeder anderen Diskussion, die über den ORF und seine Privilegien geführt wurde und geführt wird, kommt immer wieder das Argument, die Rechte des ORF seien verfassungsmäßig geschützt. Der ORF selbst schreibt dazu: „Gesetzliche Rahmenbedingungen für die Programmarbeit des Österreichischen Rundfunks bilden im Wesentlichen das Bundesverfassungsgesetz vom 10. Juli 1974 über die Sicherung der Unabhängigkeit des Rundfunks und das ORF-Gesetz."

Das entsprechende Verfassungsgesetz besteht lediglich aus zwei Artikeln und jeder kann es lesen und verstehen. Ich bin kein Jurist, aber als Bürger dieses Landes interessiert mich folgende Frage: Wie ist es möglich, dass das „Rundfunkgesetz", das 1974 beschlossen wurde (also 20 Jahre vor der Einführung des ersten Privatradios) bis heute einzig und allein auf den ORF Anwendung findet? Artikel 1 (1) besagt eindeutig nicht, dass „Rundfunk" mit „ORF" gleichzusetzen ist. Ich frage mich daher, warum gegen diese einseitige Interpretation, die seit fast 25 Jahren die Monopolstellung des ORF gegenüber den privaten Rundfunkbetreibern schützt, noch kein Privatsender eine Verfassungsklage eingereicht hat. Hier der Wortlaut des Verfassungsgesetzes:

Bundesverfassungsgesetz vom 10. Juli 1974 über die Sicherung der Unabhängigkeit des Rundfunks [...]
Der Nationalrat hat beschlossen:
Artikel 1 (1) Rundfunk ist die für die Allgemeinheit bestimmte Verbreitung von Darbietungen aller Art in Wort, Ton und Bild unter Benützung elektrischer Schwingungen ohne Verbindungsleitung bzw. längs oder mittels eines Leiters sowie der Betrieb von technischen Einrichtungen, die diesem Zweck dienen.
(2) Die näheren Bestimmungen für den Rundfunk und seine Organisation sind bundesgesetzlich festzulegen. Ein solches Bundesgesetz hat insbesondere Bestimmungen zu enthalten, die die Objektivität und Unparteilichkeit der Berichterstattung, die Berücksichtigung der Meinungsvielfalt, die Ausgewogenheit der Programme sowie die Unabhängigkeit der Personen und Organe, die mit der Besorgung der im Abs. 1 genannten Aufgaben betraut sind, gewährleisten.
(3) Rundfunk gemäß Abs. 1 ist eine öffentliche Aufgabe.
Artikel 2 Mit der Vollziehung dieses Bundesgesetzes ist die Bundesregierung betraut.

Zur Untermauerung der demokratiepolitischen Relevanz und Bestätigung seiner staatstragenden Rolle als „vierte Macht" des Landes gab der ORF 2018 eine eigene „Public Value Studie" in Auftrag: „Der Auftrag: Demokratie". Weitgehend unbekannt ist, dass es in der ORF Generaldirektion eine Abteilung „Public Value" gibt, die „die gemeinwohlorientierte Qualität der öffentlich-rechtlichen Medienleistung des ORF" sichern soll. Die Studie beweist immerhin, wie wichtig diese Abteilung ist, zwar nicht für die Hörer und Seher, aber als Ort zur Verteidigung des Status-quo.

Studienautor Bernd Holznagel, Professor für Staats- und Verwaltungsrecht, schreibt über die „besonderen Aufgaben des öffentlich-rechtlichen Rundfunks", er sei „verpflichtet, für die 'Gesamtheit der Bevölkerung' Programme anzubieten, die die Vielfalt der bestehenden Meinungen möglichst breit und vollständig abbilden und die Bürger in einem umfassenden Sinne informieren. Der gewinnorientierte Rundfunk wäre mit einer solchen Verpflichtung überfordert. Aufgrund seiner Werbe-finanzierung wird nur ein Mindeststandard an Vielfalt in der Berichterstattung eingefordert. Daher ist der besondere, demokratiefördernde Auftrag der Rundfunkanstalten für die duale Rundfunkordnung entwickelt worden." (ORF Public Value, 9 f)

„Die gewinnorientierten Medien unterliegen keiner dieser verbindlichen und überprüfbaren Aufträge. Schon aus diesem Grunde ist es abwegig, ihnen Rundfunkbeiträge zukommen zu lassen. Es wäre im Übrigen europarechtswidrig, weil solche Zuwendungen als staatliche Beihilfen einzustufen sind." (ORF, 12 f) Man muss Rechtswissenschaften studieren, um die Fähigkeit zu erwerben eine derartige Argumentation aufzubauen. Zunächst spricht Holznagel einem Großteil der Medien die Fähigkeit zur objektiven, ausgewogenen Berichterstattung ab, denn die Mehrheit aller Medien wird privatwirtschaftlich und somit gewinnorientiert geführt. Darauf folgt ein Satz, der historisch von Bedeutung erscheint, aber in Wahrheit keinen Sinn ergibt: „Daher ist der besondere, demokratiefördernde Auftrag der Rundfunkanstalten für die duale Rundfunkordnung entwickelt worden."

„Daher" - weil private Medienkonzerne journalistische Mindeststandards nicht einhalten können;

„ist ... entwickelt worden" - das trifft zumindest nicht auf den ORF und die Privatsender in Österreich zu, denn

„entwickelt worden" und beschlossen wurde das Rundfunkgesetz im Jahre 1974, lange bevor es überhaupt nur eine Ahnung von Privatfunk gegeben hat;

„der besondere, demokratiefördernde Auftrag der Rundfunkanstalten für die duale Rundfunkordnung" – soll das heißen, die Trennung von Privatfunk und Staatsfunk ist besonders demokratiefördernd?

Der Sinn dieser Argumentation erschließt sich weder meinem Hausverstand noch meiner praktischen Vernunft. Vermutlich war gemeint: Die Gebührenfinanzierung für die Rundfunkanstalten ist als besonders demokratiefördernder Auftrag der Rundfunkordnung entwickelt worden.

Am Ende folgt Holznagel einer bestechenden Logik: Der Privatfunk ist nicht objektiv, deshalb darf er keine Rundfunkgebühren erhalten. Weil er keine Rundfunkgebühren erhalten darf, wären „solche Zuwendungen" europarechtswidrig.

Eine weitere Pflichtverteidigerin des öffentlich-rechtlichen Rundfunks ist Prof. Claudia Ritzi. Sie schreibt: „Aufgrund des geringen Quoten-Drucks können politische Themen in den öffentlich-rechtlichen Angeboten planerisch 'konkurrenzfähig' zu Unterhaltungsangeboten werden. [...] Ihr Finanzierungsmodell erlaubt es ihnen auch, diese Zuverlässigkeit im digitalen Zeitalter, das von einem schnellen und kompetitiven Nachrichtenmarkt gekennzeichnet ist, zu bewahren. Ihre Journalistinnen und Journalisten können unabhängig von dem Einfluss von Geldgebern, unabhängig von kurzfristigen thematischen und argumentativen Trends und in angemessenem Tempo ihre Recherche durchführen und Berichte vorbereiten." (ORF, 36 f)

Immerhin bemüht sich Ritzi in ihrem Beitrag um Ausgewogenheit, wenn sie (in Bezug auf ARD und ZDF, betrifft aber genauso den ORF) schreibt: „Zu beklagen wäre aus Sicht des Postdemokratie-Diskurses auch eine starke Fokussierung der Berichterstattung auf Eliten-Akteure und ihre politischen Argumente. [...] Schon die zweite Garde der Politik, oft kenntnisreiche Sachpolitiker [...] gilt in Talkshow-Redaktionen als schlechtere Lösung." (ORF, 39 f)

Auch wenn diese Studie in der Öffentlichkeit weitgehend unbemerkt geblieben ist, so ist sie immerhin öffentlich. Unter Verschluss geblieben ist dagegen ein „Framing Manual" das Elisabeth Wehling, Mitarbeiterin des Berkeley International Framing Institute im Auftrag der ARD erstellt hat. Der „Tagesspiegel" (Ausgabe 19.2.2019) konnte einige Interna ans Licht bringen: „Der methodische Ansatz – Selektieren, Strukturieren und Deuten von Begriffen zu einem bestimmten Wirkungszweck – wird von den Manual-Autoren ins 'moralische Framing' übersetzt. Fakten und Details sind da nicht primär, über allem muss die Überzeugung stehen, die Arbeit der ARD sei von moralischen Prinzipien getragen. [...] 'Unser Rundfunk ARD' heißt dann, dass die ARD ein 'von Bürgern ermöglichtes Rundfunksystem' ist. Der via Rundfunkbeitrag keine Einnahmen erzielt, sondern schlichtweg das Rundfunkkapital der Bürger verwaltet, 'die sich in Deutschland seit jeher auf diese Weise ihren gemeinsamen, freien Rundfunk ARD ermöglichen'. Der monatliche Rundfunkbeitrag von 17,50 Euro ist auch kein Rundfunkbeitrag, im Framing der Gegner auch 'Zwangsabgabe' oder 'Zwangsgebühr' genannt, sondern 'eine proaktive, selbstbestimmte (da demokratisch entschiedene) Beteiligung der Bürger am gemeinsamen Rundfunk ARD'."

Der ORF ist de facto ein staatlicher Monopolbetrieb geblieben. Das Bundesverfassungsgesetz vom 10. Juli 1974 wird seit dem Regionalradiogesetz 1993 zu Unrecht (wenn der Gleichbehandlungsgrundsatz gilt) nur auf den ORF angewandt, dessen Monopol 1993 abgeschafft werden sollte. Sollte, aber de facto nicht wurde, da weiterhin in der Auseinandersetzung über das „Rundfunkgesetz" der Begriff „Rundfunk" ausschließlich mit dem Begriff „ORF" gleichgesetzt wird.

Zu den Bestimmungen, die laut Absatz 2 *die Objektivität und Unparteilichkeit der Berichterstattung, die Berücksichtigung der Meinungsvielfalt, die Ausgewogenheit der Programme sowie die Unabhängigkeit der Personen und Organe, ... gewährleisten*, muss ich als Medien-Beobachter sagen, dass ich diese Grundsätze heute in den privaten „Rundfunkanstalten" genauso gut aufgehoben sehe wie im ORF. Die Rundfunkgebühren, die von der GIS eingehoben werden, sollten deshalb unter allen Radio- und Fernsehsendern, die diesen Verfassungsgrundsätzen entsprechen, gerecht aufgeteilt werden.

Die direkten Zuwendungen aus den GIS-Einnahmen an Bund und Länder sind mit der Verfassung nicht vereinbar. Oder lässt sich das aus Absatz 3 ableiten? *Rundfunk gemäß Abs. 1 ist eine öffentliche Aufgabe.*

Somit wäre genug Geld da, um jene Abteilungen der privaten Radio- und Fernsehstationen, die im Sinne des Medienrechtes als unabhängige Redaktionen tätig sind und damit dem Verfassungsgesetz über die Unabhängigkeit des Rundfunks entsprechen, gemäß ihrer Leistungen auch öffentlich zu fördern. Das würde mit Sicherheit zu einer größeren Medien- und Meinungsvielfalt beitragen als die ausschließliche Gebührenfinanzierung des ORF.

Der ORF, dem es prinzipiell nicht um die Quote geht, sofern die Beiträge zur Public-Value-Studie der Wahrheit entsprechen, könnte sich indessen mit der Grundsatzfrage beschäftigen, welche quotenorientierten Sendungen ersatzlos gestrichen werden sollten, um der Meinungsvielfalt mehr Raum zu geben. Dies wäre ein Beitrag zur Verwirklichung des Artikel 11 der Charta der Grundrechte der EU.

Artikel 11 **Freiheit der Meinungsäußerung und Informationsfreiheit**

(1) Jede Person hat das Recht auf freie Meinungsäußerung. Dieses Recht schließt die Meinungsfreiheit und die Freiheit ein, Informationen und Ideen ohne behördliche Eingriffe und ohne Rücksicht auf Staatsgrenzen zu empfangen und weiterzugeben.

(2) Die Freiheit der Medien und ihre Pluralität werden geachtet.

Empfangen und weitergeben, so der Wortlaut der EU-Charta, die im Verfassungsrang steht. Empfangen und ignorieren, so die Realität im ORF. Aufgrund der staatstragenden Position, die der ORF in unserer Realverfassung innehat, entspricht die Weitergabe oder die Nicht-Weitergabe von Informationen einem behördlichen Eingriff. So ist es bedenklich, dass vor der Nationalratswahl im September 2019 zwei bundesweit aufgestellte Listen keine Möglichkeit bekommen haben an den ORF-Diskussionen der Kandidaten und Kandidatinnen teilzunehmen. Zwei demokratisch legitimierte Parteien, KPÖ und WANDL, sind in der ORF-Berichterstattung kaum vorgekommen. Die GRÜNEN, die in diesem Zeitraum ebenso wenig im Parlament vertreten waren, wurden hingegen zu jeder Diskussionsrunde geladen. Wer sich an die letzte Wahl des Bundespräsidenten (2016) erinnert weiß nun: Man kann in Österreich wegen ein paar Wahlkarten vom Verfassungsgericht eine Wahlwiederholung verlangen, nicht aber wegen Un-Gleichbehandlung kleinerer Parteien.

Nach den Wahlen kehrt Normalität in die ORF-Studios ein. Normalität ist die ewige Wiederkehr der immer gleichen Direkt-Schaltungen zu den Koalitionsgesprächen, wo Journalisten auf Wortspenden von Politikern lauern und endlos über Personalfragen spekulieren. Diese Simulation von Aktualität kann grundsätzlich nur zur Produktion von Leerfloskeln führen. Doch manche sehen den Höhepunkt des investigativen Journalismus darin, nervige Fragen zu stellen um nichtssagende Antworten zu erhalten. Selbst bei kritischer Distanz zu den jeweiligen Politikern ist dies reine Hofberichterstattung, die nichts mit Nachrichten zu tun hat. Solche irrelevanten Beiträge summieren sich in den Nachrichtensendungen zu Stunden voller Nichtigkeiten. Wertvolle Sendezeit, für die ORF-Seher doppelt bezahlen: mit der Zeit, die ihnen gestohlen wird, und mit den Gebühren, die sie berappen müssen.

Und der Rest ist Bürokratismus
Drittes bis Neuntes Hauptstück des B-VG

Wir kennen nun den Staatsvertrag in Grundzügen, das Neutralitätsgesetz und das Rundfunkgesetz im Wortlaut. Weiters haben wir uns in die Artikel 1 – 50d des B-VG (insgesamt 74 Artikel), vertieft. Die Artikel 1 bis 23k, das *Erste Hauptstück: Allgemeine Bestimmungen. Europäische Union*, findet sich hier fast vollständig im Originaltext. Das *Zweite Hauptstück: Gesetzgebung des Bundes*, Artikel 24 – 59b wurden dagegen sehr selektiv zitiert, ausgewählt nach gesellschafts-politischer Relevanz. Doch sind auch hier viele Bestimmungen zu finden, die lediglich das Zusammenspiel der Institutionen betreffen aber nicht die Rechte und Pflichten der Bürger in einer demokratischen Republik. Dieser Trend verstärkt sich in den folgenden Hauptstücken wie bereits die Überschriften zeigen:

Drittes Hauptstück: Vollziehung des Bundes
Viertes Hauptstück: Gesetzgebung und Vollziehung der Länder
Fünftes Hauptstück: Vollziehung auf dem Gebiet des Schul- und Erziehungswesens
Sechstes Hauptstück: Selbstverwaltung (damit ist die Gemeindeverwaltung gemeint)
Siebentes Hauptstück: Rechnungs- und Gebarungskontrolle
Achtes Hauptstück: Garantien der Verfassung und Verwaltung
Neuntes Hauptstück: Volksanwaltschaft
Zehntes Hauptstück: Schlussbestimmungen

Im Folgenden der Wortlaut jener Artikel, die keine verwaltungstechnischen sondern politische Inhalte haben und somit die Ausnahmen von der Regel sind.

Artikel 60. (1) Der Bundespräsident wird vom Bundesvolk auf Grund des gleichen, unmittelbaren, persönlichen, freien und geheimen Wahlrechtes der zum Nationalrat wahlberechtigten Männer und Frauen gewählt; stellt sich nur ein Wahlwerber der Wahl, so ist die Wahl in Form einer Abstimmung durchzuführen. Art. 26 Abs. 5 bis 8 ist sinngemäß anzuwenden.

Artikel 69. (1) Mit den obersten Verwaltungsgeschäften des Bundes sind, soweit diese nicht dem Bundespräsidenten übertragen sind, der Bundeskanzler, der Vizekanzler und die übrigen Bundesminister betraut. Sie bilden in ihrer Gesamtheit die Bundesregierung unter dem Vorsitz des Bundeskanzlers.

Artikel 74. (1) Versagt der Nationalrat der Bundesregierung oder einzelnen ihrer Mitglieder durch ausdrückliche Entschließung das Vertrauen, so ist die Bundesregierung oder der betreffende Bundesminister des Amtes zu entheben.

Artikel 79. (1) Dem Bundesheer obliegt die militärische Landesverteidigung. Es ist nach den Grundsätzen eines Milizsystems einzurichten. (2) Das Bundesheer ist, soweit die gesetzmäßige zivile Gewalt seine Mitwirkung in Anspruch nimmt, ferner bestimmt
1. auch über den Bereich der militärischen Landesverteidigung hinaus
a) zum Schutz der verfassungsmäßigen Einrichtungen und ihrer Handlungsfähigkeit sowie der demokratischen Freiheiten der Einwohner b) zur Aufrechterhaltung der Ordnung und Sicherheit im Inneren überhaupt;
2. zur Hilfeleistung bei Elementarereignissen und Unglücksfällen außergewöhnlichen Umfanges.

Artikel 82. (1) Die ordentliche Gerichtsbarkeit geht vom Bund aus. (2) Die Urteile und Erkenntnisse werden im Namen der Republik verkündet und ausgefertigt.

Artikel 108. Für die Bundeshauptstadt Wien als Land hat der Gemeinderat auch die Funktion des Landtages, der Stadtsenat auch die Funktion der Landesregierung, der Bürgermeister auch die Funktion des Landeshauptmannes, der Magistrat auch die Funktion des Amtes der Landesregierung und der Magistratsdirektor auch die Funktion des Landesamtsdirektors.

Welche Organe eine Gemeinde einzurichten hat erklärt Artikel 117 bis ins letzte Detail und steht damit stellvertretend für das, was typisch ist im B-VG: überbordende Bürokratie. Trotz Detailverliebtheit fehlen systematische Angaben über Aufgaben der Bezirksverwaltungsbehörden. Dieser Artikel findet sich im Sechsten Hauptstück, *Selbstverwaltung, A. Gemeinden*. Erweitert wurde dieses Hauptstück 2008 (Regierung Alfred Gusenbauer, SPÖ) mit *Teil B. Sonstige Selbstverwaltung.* Wie bereits erwähnt wurden damit auch die Sozialpartner offiziell in den Verfassungsrang gehoben; damit wurde spät aber doch die längst geübte politische Praxis offiziell in Verfassungsrang gehoben.

Artikel 117. (1) Als Organe der Gemeinde sind jedenfalls vorzusehen: a) der Gemeinderat, das ist ein von den Wahlberechtigten der Gemeinde zu wählender allgemeiner Vertretungskörper; b) der Gemeindevorstand (Stadtrat), bei Städten mit eigenem Statut der Stadtsenat; c) der Bürgermeister.

(2) Der Gemeinderat wird auf Grund des gleichen, unmittelbaren, persönlichen, freien und geheimen Wahlrechtes der männlichen und weiblichen Staatsbürger, die in der Gemeinde ihren Hauptwohnsitz haben, nach den Grundsätzen der Verhältniswahl gewählt. Die Wahlordnung kann jedoch vorsehen, dass auch Staatsbürger, die in der Gemeinde einen Wohnsitz, nicht aber den Hauptwohnsitz haben, wahlberechtigt sind. Die Wahlordnung darf die Bedingungen des Wahlrechtes und der Wählbarkeit nicht enger ziehen als die Landtagswahlordnung; es kann jedoch bestimmt werden, dass Personen, die sich noch nicht ein Jahr in der Gemeinde aufhalten, dann nicht wahlberechtigt und wählbar sind, wenn ihr Aufenthalt in der Gemeinde offensichtlich nur vorübergehend ist. Unter den in der Wahlordnung festzulegenden Bedingungen sind auch Staatsangehörige anderer Mitgliedstaaten der Europäischen Union wahlberechtigt und wählbar. Die Wahlordnung kann bestimmen, dass die Wähler ihr Wahlrecht in Wahlkreisen ausüben, von denen jeder ein geschlossenes Gebiet umfassen muss. Eine Gliederung der Wählerschaft in andere Wahlkörper ist nicht zulässig. Art. 26 Abs. 6 ist sinngemäß anzuwenden. Für den Fall, dass keine Wahlvorschläge eingebracht werden, kann in der Wahlordnung bestimmt werden, dass Personen als gewählt gelten, deren Namen auf den Stimmzetteln am häufigsten genannt werden.

(3) Zu einem Beschluss des Gemeinderates ist die einfache Mehrheit der in beschlussfähiger Anzahl anwesenden Mitglieder desselben erforderlich; es können jedoch für bestimmte Angelegenheiten andere Beschlussfassungserfordernisse vorgesehen werden.

(4) Die Sitzungen des Gemeinderates sind öffentlich, es können jedoch Ausnahmen vorgesehen werden. Wenn der Gemeindevoranschlag oder der Gemeinderechnungsabschluss behandelt wird, darf die Öffentlichkeit nicht ausgeschlossen werden.

(5) Im Gemeinderat vertretene Wahlparteien haben nach Maßgabe ihrer Stärke Anspruch auf Vertretung im Gemeindevorstand.

(6) Der Bürgermeister wird vom Gemeinderat gewählt. In der Landesverfassung kann vorgesehen werden, dass die zur Wahl des Gemeinderates Berechtigten den Bürgermeister wählen. In diesem Fall ist Art. 26 Abs. 6 sinngemäß anzuwenden.

(7) Die Geschäfte der Gemeinden werden durch das Gemeindeamt (Stadtamt), jene der Städte mit eigenem Statut durch den Magistrat besorgt. Zum Leiter des inneren Dienstes des Magistrates ist ein rechtskundiger Bediensteter des Magistrates als Magistratsdirektor zu bestellen.

Der letzte Artikel des B-VG ist *Artikel 152. Mit der Vollziehung dieses Bundesverfassungsgesetzes ist die Bundesregierung betraut.*

Allein die Schlussbestimmungen (Artikel 149 bis 152) umfassen fast 30 Seiten. Artikel 151 enthält ausschließlich Informationen darüber, wann welche Bestimmungen in Kraft getreten sind oder außer Kraft gesetzt wurden:

Artikel 151. (1) Die Art. 78d und 118 Abs. 8 in der Fassung des Bundesverfassungsgesetzes BGBl. Nr. 565/1991 treten mit 1. Jänner 1992 in Kraft. Am 1. Jänner 1992 vorhandene Wachkörper bleiben in ihrem Bestand unberührt; diese Bestimmung tritt mit 1. Jänner 1992 in Kraft.

(2) Die Art. 10 Abs. 1 Z 7, 52a, 78a bis 78c, Art. 102 Abs. 2, die Bezeichnungsänderungen im dritten Hauptstück und in Art. 102 in der Fassung des Bundesverfassungsgesetzes BGBl. Nr. 565/1991 treten mit 1. Mai 1993 in Kraft.

(3) Art. 102 Abs. 5 zweiter Satz sowie die Abs. 6 und 7 treten mit Ablauf des 30. April 1993 außer Kraft. Die Wortfolge „ausgenommen die örtliche Sicherheitspolizei," im Art. 102 Abs. 2 tritt mit Ablauf des 30. April 1993 außer Kraft.

Und so weiter bis Absatz 63. Hier muss die Frage erlaubt sein, ob dieser Artikel, der ausschließlich für Rechtswissenschaftler und Historiker relevant ist, gleichrangig mit grundlegenden, gesellschaftspolitischen Inhalten wie Artikel 85 (Abschaffung der Todesstrafe) in der Verfassung stehen muss! Diese Frage werden uns die Rechtsgelehrten nicht erklären, wie die Verfassungsexperten Robert Walter und Heinz Mayer, bestätigen:

„Unter 'Recht' wird ein System von Normen verstanden; das Verfassungsrecht ist ein Teilbereich dieses Systems. Die Verfassungsrechtslehre hat – als Teil der (dogmatischen) Rechtswissenschaft – das Verfassungsrecht einer bestimmten Rechtsordnung zu beschreiben. Eine ganz andere Aufgabe ist es, zu klären, aus welchen Gründen es zu der gegenwärtigen Verfassungslage gekommen ist. Dies ist Aufgabe der Verfassungs(rechts)geschichte, eines Teils der Rechtsgeschichte, die als Wissenschaft zT von ganz anderer Art ist als die (dogmatische) Rechtswissenschaft." (Grundriß S. 3)

Damit wäre auch geklärt, dass „Baustelle Parlament" nicht das Geringste mit Rechtswissenschaft zu tun hat, auch nicht viel mit Verfassungs(rechts)geschichte.

Zur Klarstellung muss auch festgehalten werden, dass die Intention dieses Buches nichts mit den großteils obskuren Ideen der Staatsverweigerer wie den „Identitären" oder den „Reichsbürgern" zu tun hat. Hier geht es in keiner Weise darum den Staat zu ignorieren oder die Rechtmäßigkeit des Staates zu leugnen, sondern ganz im Gegenteil um das Ziel, dem Staat als gemeinsames Haus unserer Gesellschaft durch eine neue, bessere Verfassung ein stabiles Fundament für das 21. Jahrhundert zu geben. Es geht darum, die Verfassung nicht nur als Teil eines unentwegt anwachsenden Rechtsapparates zu sehen, sondern als Grundlage unserer Demokratie, die für jeden verständlich ist und nur dadurch auch verbindlich sein kann.

Während einige identitäre Sonderlinge bereits verurteilt wurden hat noch niemand die Staatsverweigerer unter den Wohlhabenden unter die Lupe genommen. So propagiert das Austria Economic Center (AEC) Jahr für Jahr Mitte August den „Tax Freedom Day". Demnach habe „der durchschnittliche

Steuerzahler bis zu diesem Datum nur für den Staat gearbeitet". Diese Feststellung sollte nicht als Aufruf zur Steuerhinterziehung überinterpretiert werden. Vielmehr stellen sich einige Fragen: Gibt es tatsächlich einen einzigen „durchschnittlichen Steuerzahler", der keine einzige legale Form findet sein Geld steuerschonend zu investieren? Was genau verstehen die Autoren dieser Behauptung unter der Aussage, die Bürger dieses Landes würden acht Monate des Jahres „nur für den Staat" arbeiten? Wer oder was ist der Staat? Nehmen diese Bürger nicht am Staat teil? Haben sie acht Monate lang Straßen und öffentliche Verkehrsmittel nicht benutzt? Waren sie in keinem öffentlichen Park und in keinem städtischen Schwimmbad? Schicken sie ihre Kinder nicht in die Schule? Haben sie und ihre Familien noch nie ein Krankenhaus benötigt? Interessieren sie sich absolut nicht für die Kultur in staatlichen Museen, Theatern und Konzerthäusern?

Es ist höchste Zeit für eine transparente und tabufreie Diskussion über die Grundlagen unserer Gesellschaft, die sich – mangels Alternativen – in einem Staat, der demokratischen Republik Österreich, organisiert. Nur sollte man so eine Diskussion ideologiefrei führen – auch frei von der Ideologie des Kapitalismus; und frei von der Ideologie des Bürokratismus. Letztere unterscheidet sich grundsätzlich von der einfachen Bürokratie, der unvermeidlichen Administration, die jede Organisation und jede Form des Zusammenlebens mit sich bringt. Bürokratismus ist die Ideologie, dass die Verwaltung (juristisch korrekt: die Organe der Vollziehung) die höchste Instanz im Staate sei.

Die Verfassung in der derzeitigen Form radikal in Frage zu stellen, ist übrigens nicht verfassungswidrig, sondern gemäß Artikel 44 B-VG absolut legitim. Diesen radikalen Ansatz werden Vertreter der „reinen Rechtslehre" wohl kaum unterstützen, auch wenn Adamovich/Funk schon Anfang der 1980er Jahre die fundamentalen Probleme angesprochen haben, „die dem Ansehen des Verfassungsrechts" nicht zuträglich sind. Folgende sind besonders hervorzuheben:

„1. Die bereits erwähnte formale Zersplitterung der Rechtsquellen.

2. Die über weite Strecken fehlende innere Geschlossenheit zahlreicher Teile des Verfassungsrechts. Dies gilt ganz besonders für den Bereich der Grundrechte, die nicht in einem einheitlichen Katalog kodifiziert sind, sondern in zahlreichen, einander zum Teil überschneidenden und systematisch aufeinander nicht abgestimmten Regelungen verstreut liegen.

3. Die Existenz verfassungsrechtlicher Einrichtungen, die nicht optimal gestaltet sind. […]

4. Das Vorhandensein von 'totem Verfassungsrecht', das als solches nicht gehandhabt wird. [..]

5. Die Auslegung mancher verfassungsrechtlicher Regelungen über grundlegende Fragen ist unentscheidbar kontroversiell. […]

6. Die Funktion verschiedener verfassungsrechtlicher Regelungen und Einrichtungen erscheint angesichts geänderter soziopolitischer Verhältnisse nicht optimal.

7. Darüber hinaus erscheint verschiedentlich auch die Legitimität grundsätzlicher Verfassungsentscheidungen in Frage gestellt. Manches an Kritik, ja Ablehnung, richtet sich gegen das überkommene Verständnis des formalen Rechtsstaates, des Föderalismus, des Parlamentarismus und der Gewaltentrennung. Hier gibt es verschiedentlich Unbehagen und Zweifel an der Sinnhaftigkeit dieser Institutionen und bisweilen sogar Forderungen nach einer grundlegenden Systemveränderung." (Verfassungsrecht, 21 f)

Das haben offenbar nur sehr wenige österreichische Verfassungsexperten und Vertreter der bestehenden Parteien-Demokratie gelesen. Vertreter des bestehenden Systems sind logischerweise System-Erhalter. So waren auch die Mitglieder des Österreich-Konvent ausschließlich System-Erhalter. Das war der Grund dafür, dass er scheitern musste. System-Kritiker und System-Erneuerer finden sich in der Regel außerhalb der etablierten Institutionen. Eine künftige Initiative zur Neufassung der österreichischen Verfassung muss daher vom Volk, also vom Souverän ausgehen.

Da die Gesetzesmaterie ausufert und sperrig formuliert ist, braucht sie naturgemäß die richtige Interpretation. Wie eine richtige Interpretation zustande kommt, dafür findet sich im

„Grundriß" eine zwei Seiten lange Erklärung. Die Rechtsgelehrten unterscheiden zwischen Verbalinterpretation (=Wortinterpretation), grammatikalischer Interpretation (= sprachliche Zusammenhänge), logisch-sytemischer Auslegung (= Zusammenhang verschiedener Sätze und Gesetze unter Anwendung logischer Regeln, welche vorausgesetzt werden), Willens- bzw. Sinnes-Interpretation (nach dem Verstand „welcher aus der klaren Absicht des Gesetzgebers hervorleuchtet") und teleologischer Auslegung (nach dem Zweck, den der Gesetzgeber verfolgt).

„Prüft man mit diesen (zunächst angenommenen) Interpretationsregeln das Verfassungsrecht daraufhin, ob es selbst Regeln für seine Interpretation enthält, so kann man feststellen, daß das Verfassungsrecht ausdrückliche Inter-pretationsregeln nicht enthält. Deshalb ist anzunehmen, daß die traditionellen Auslegungsregeln als mittelbarer Gesetzesinhalt des Verfassungsrechts für dessen Interpretation maßgeblich sind." (Grundriß, 37)

„Zu einer authentischen Interpretation im dargelegten Sinn kann also nur jeweils die Rechtsautorität berufen sein, die zur Erlassung der Vorschrift selbst kompetent ist, oder die dazu ausdrücklich ermächtigt ist. [...] Die Interpretation als geistiges Verfahren muß zu keinem eindeutigen Ergebnis führen. Hat das Organ die Aufgabe, einen Rechtsakt zu setzen, so muß es oft zwischen mehreren rechtlich möglichen Lösungen wählen; zur Erkenntnisfunktion tritt also eine Willensfunktion." (Grundriß, 36 f)

Rechtsautorität, Erlassung, Ermächtigung und (höhere) Kompetenz – all das erinnert mehr an Hohepriester als an den Artikel 1 des B-VG. Ist die Verfassung eine Geheimwissenschaft oder die Basis für das Zusammenleben aller Menschen dieses Landes? Selbst wenn die Verfassung nur Spielregeln enthält, müssen diese so formuliert sein, dass alle Bürger mitspielen können, nicht nur dazu berufene Rechtsautoritäten.

Zum Schluss kommen die Autoren des „Grundriß" zu einer beachtenswerten, fundamental wichtigen Abgrenzung: „Die Frage, wie weit die Interpretation zu klaren Ergebnissen führt und wie weit der Spielraum des Organs bleibt, ist umstritten.

Soll die Rechtswissenschaft eine Wissenschaft sein, dh eine auf Erkenntnis, nicht auf Gestaltung gerichtete Tätigkeit sein, so kann ihre Aufgabe nur die der Interpretation (als eines rein geistigen Verfahrens zur Rechtserkenntnis) sein. Dort, wo die Möglichkeit der Interpretation aufhört und die Willensfunktion beginnt, muß die Rechtswissenschaft schweigen." (Grundriß S. 37)

Damit landen die Verfassungsexperten am Ende dort, wo diese Untersuchung begonnen hat: bei der Philosophie und somit bei den Fragen: Warum ist die Verfassung so und nicht anders? Was ist Sinn und Zweck der Verfassung? Wozu brauchen wir die Verfassung? Was genau ist die Willensfunktion? Wie lässt sich der Wille des Volkes erfassen?

Die Erkenntnis über die Grenze der Rechtswissenschaft (dort, wo die Rechtswissenschaft schweigen muss) ist selbst keine juristisch interpretierbare Aussage, sondern ein Postulat, das an Ludwig Wittgenstein erinnert: „Wovon man nicht sprechen kann, darüber muß man schweigen."

Dies ist nicht nur der formale Abschluss des Tractatus Logico-Philosophicus, sondern auch ein moralisches Postulat. Seit der Aufklärung geht es um die Voraussetzungen unseres Denkens und Handelns. Immanuel Kant stellt die Frage: Was ist die Bedingung der Möglichkeit unseres Denkens, Urteilens, Entscheidens und des daraus abgeleiteten Handelns?

Wenn wir den Voraussetzungen auf den Grund gehen, so finden wir immer weitere Voraussetzungen aller Voraussetzungen. Um dabei nicht in eine Endlosschleife zu gelangen, brauchen wir eine Grundsetzung, d.h. Grundsätze, die wir nicht weiter hinterfragen. Diese Grundsätze können in der Demokratie kein Gebot Gottes sein, sondern müssen Setzungen des Souveräns eines jeden Staates sein. Wenn der Satz „Das Recht geht vom Volk aus" gilt, dann folgt daraus: Jedes Gesetz ist eine Setzung des Souveräns und das Grundgesetz ist die Grundsetzung aller weiteren Fest-Setzungen.

Ein kleiner Ausflug in die Schweiz
Und: der Gesellschaftsvertrag von Jean-Jacques Rousseau

Unser Ausflug beginnt mit einer Zeitreise. 1559, Johannes Calvin gründete die Genfer Akademie. Dezember 1602, Karl Emanuel von Savoyen scheitert bei dem Versuch Genf mit ein paar tausend Söldnern einzunehmen. Im Dreißigjährigen Krieg und viele Jahrzehnte danach blieb die Stadt Zufluchtsort für italienische und französische evangelische Glaubensflüchtlinge. Ihre Unabhängigkeit verlor die Stadt 1798 nach der Belagerung durch die Truppen Napoleons. Ein Vereinigungsvertrag regelte die Überführung der Republik Genf in den französischen Staat. Erst nach Besetzung der Stadt durch österreichische Truppen bat Genf um Aufnahme in die Schweizerische Eidgenossenschaft. Am 12. September 1814 bestätigte die eidgenössische Tagsatzung offiziell die Aufnahme Genfs als 22. Kanton, was im März 1815 vom Wiener Kongress anerkannt wurde.

Jean-Jacques Rousseau wurde 1712 in Genf geboren. Er war in jenem Ausmaß Schweizer in dem Wolfgang Amadeus Mozart Österreicher war. Doch die Nationalitätenfrage steht hier nicht im Mittelpunkt. Interessant ist vielmehr die Frage, warum eine freie, florierende Stadt, die von Beginn bis Ende des 18. Jahrhunderts von 16.000 auf ca. 24.000 Bewohner angewachsen war, im Jahr 1762 Rousseaus „Du contrat social ou Principes du droit politique" gleich verboten hat. Denn schon zu Beginn des 18. Jahrhunderts wurden in Genf intensive politische Auseinandersetzungen über Volkssouveränität und Verfassung geführt.

Rousseau hebt die Stadt in seinem Buch sogar lobend hervor: „Als Lykurg seinem Vaterland Gesetze gab, verzichtete er zuerst auf die Königswürde. Es war in den meisten griechischen Städten Sitte, die Erarbeitung der Gesetze Fremden anzuvertrauen. Die modernen (Stadt-)Republiken Italiens ahmten diese Überlieferung oft nach; Genf tat dasselbe und fuhr gut damit." (Gesellschaftsvertrag, 60)

Das Verbot könnte daran liegen, dass Rousseau dem religiösen Zeitgeist des 18. Jahrhunderts zwar Zugeständnisse gemacht, diesen aber gleichzeitig radikal in Frage gestellt hat: „Alle Gerechtigkeit", schreibt er, „kommt von Gott, er ist ihre einzige Quelle; aber wenn wir imstand wären, sie von solch hohem Ursprung zu empfangen, dann bräuchten wir weder Regierung noch Gesetze. Zweifellos gibt es eine universale Gerechtigkeit, die allein der Vernunft entspringt; aber damit diese Gerechtigkeit unter uns Menschen anerkannt werde, muß sie gegenseitig sein. […] Es bedarf also der Übereinkünfte der Gesetze, um Rechte und Pflichten zu verbinden und der Gerechtigkeit ein Ziel zu geben." (Gesellschaftsvertrag, 53)

Der Schritt von der Gerechtigkeit, die von Gott kommt, zu den demokratischen Gesetzen, die vom Menschen gesetzt werden, verläuft über den Gesellschaftsvertrag. Laut Rousseau soll nicht ein subjektiver Wille eines Herrschers, sondern der allgemeine Wille des Volkes zum Gesetz werden. Da der allgemeine Wille nie die Summe aller sein kann, müssen in der demokratischen Willensbildung Mehrheitsentscheidungen fallen. Doch der Gesellschaftsvertrag als Grundgesetz eines Staates sollte vorab einstimmig gefasst werden.

Kritische Philosophen bezweifeln, dass es einen „allgemeinen Willen" gibt, da nur Individuen über einen Willen verfügen. Materialistische Philosophen bezweifeln, dass es überhaupt einen Willen gibt, da alle Entscheidungen biogenetisch determiniert seien. In diesem Sinne müsste man auch in Frage stellen, ob es eine Vernunft gibt. Mit seiner „Metaphysik, die als Wissenschaft wird auftreten können" hat Immanuel Kant diese Frage beantwortet: Die Vernunft ist die Bedingung der Möglichkeit der Erkenntnis. Analog dazu darf vorausgesetzt werden: Der freie Wille ist die Bedingung der Möglichkeit jeder individuellen Entscheidung und der allgemeine Wille ist die Bedingung der Möglichkeit jeder politischen Entscheidung.

„Im Gesellschaftsvertrag verliert der Mensch seine natürliche Freiheit und ein unbeschränktes Recht auf alles, was er anstrebt und was er erreichen kann; er gewinnt im Gegenzug seine bürgerliche Freiheit und das Eigentum an allem, was ihm gehört. […] Man könnte dem Gesagten noch hinzufügen, daß wir mit dem Erwerb des bürgerlichen Standes auch sittliche

Freiheit gewinnen, die allein den Menschen wirklich zum Herren seiner selbst macht; denn der Antrieb des bloßen Begehrens ist Sklaverei, nur der Gehorsam vor dem Gesetz, das man sich selber gegeben hat, ist Freiheit." (Gesellschaftsvertrag, 32 f)

Unabhängig von Demokratie, Aristokratie oder Monarchie, schreibt Rousseau, soll jeder Staat auf drei Säulen stehen: Souverän, Regierung und Untertanen. Die Regierungen, egal ob Fürsten oder Staatskanzler, sind aus Sicht Rousseaus lediglich die obersten Verwalter des Staates (keine eigenmächtigen Beherrscher des Volkes) und die Verwaltung ist strikt vom Souverän (also dem Gesetzgeber) zu trennen. Die Bürger (in ihrer Gesamtheit: das Volk) prägen den Staat (die staatliche Körperschaft) in einer doppelten Rolle: aktiv als Souverän (= Gesetzgeber) und passiv als Untertanen, die als Bürger allerdings frei sind.

25 Jahre nach Erscheinen des „Gesellschaftsvertrages", 1787, haben die Vereinigten Staaten Amerikas ihre Constitution verabschiedet. Die Gewaltenteilung gehört seither zu den wesentlichen Grundsätzen aller demokratisch verfassten Staaten. Die Schweiz hat ihre erste Verfassung 1848 angenommen. Der Staatenbund der Eidgenossen wurde damals in einen Bundesstaat umgewandelt. Die Bundesverfassung steht auf der obersten Stufe des Schweizer Rechtssystems. Ihr sind Gesetze und Verordnungen des Bundes ebenso wie der Kantone und der Gemeinden untergeordnet.

Die Schweizer Verfassung wurde erstmals 1874 einer Totalrevision unterzogen und neuerlich 1998, angenommen in der Volksabstimmung vom 18. April 1999. Bei der letzten Totalrevision durften auch die Schweizerinnen mitstimmen. Wohl eine der Kuriositäten der basisdemokratischen Schweiz: Erst 1971 wurde hier das Frauenwahlrecht eingeführt und es dauerte weitere zwanzig Jahre, bis es auch im letzten aller 26 teilsouveränen Kantone durchgesetzt war.

Die Präambel der Bundesverfassung der Schweizerischen Eidgenossenschaft lässt vermuten, dass nach wie vor viele Schweizer Schwierigkeiten mit Rousseau haben. Sie beginnt mit der Anrufung „Im Namen Gottes des Allmächtigen!" In ihrer

„Verantwortung gegenüber der Schöpfung" nimmt sie indessen den Zeitgeist, der heute die weltweite Klimaschutzbewegung prägt, vorweg. Hier die *Präambel* und die *Allgemeinen Bestimmungen* im Wortlaut:

Im Namen Gottes des Allmächtigen!
Das Schweizervolk und die Kantone,
in der Verantwortung gegenüber der Schöpfung,
im Bestreben, den Bund zu erneuern, um Freiheit und Demokratie, Unabhängigkeit und Frieden in Solidarität und Offenheit gegenüber der Welt zu stärken,
im Willen, in gegenseitiger Rücksichtnahme und Achtung ihre Vielfalt in der Einheit zu leben,
im Bewusstsein der gemeinsamen Errungenschaften und der Verantwortung gegenüber den künftigen Generationen,
gewiss, dass frei nur ist, wer seine Freiheit gebraucht, und dass die Stärke des Volkes sich misst am Wohl der Schwachen,
geben sich folgende Verfassung:

1. Titel: Allgemeine Bestimmungen
Art. 1 Schweizerische Eidgenossenschaft
Das Schweizervolk und die Kantone Zürich, Bern, Luzern, Uri, Schwyz, Obwalden und Nidwalden, Glarus, Zug, Freiburg, Solothurn, Basel-Stadt und Basel-Landschaft, Schaffhausen, Appenzell Ausserrhoden und Appenzell Innerrhoden, St. Gallen, Graubünden, Aargau, Thurgau, Tessin, Waadt, Wallis, Neuenburg, Genf und Jura bilden die Schweizerische Eidgenossenschaft.
Art. 2 Zweck
1 Die Schweizerische Eidgenossenschaft schützt die Freiheit und die Rechte des Volkes und wahrt die Unabhängigkeit und die Sicherheit des Landes. 2 Sie fördert die gemeinsame Wohlfahrt, die nachhaltige Entwicklung, den inneren Zusammenhalt und die kulturelle Vielfalt des Landes. 3 Sie sorgt für eine möglichst grosse Chancengleichheit unter den Bürgerinnen und Bürgern. 4 Sie setzt sich ein für die dauerhafte Erhaltung der natürlichen Lebensgrundlagen und für eine friedliche und gerechte internationale Ordnung.
Art. 3 Kantone
Die Kantone sind souverän, soweit ihre Souveränität nicht durch die Bundesverfassung beschränkt ist; sie üben alle Rechte aus, die

nicht dem Bund übertragen sind.

Art. 4 Landessprachen

Die Landessprachen sind Deutsch, Französisch, Italienisch und Rätoromanisch.

Art. 5 Grundsätze rechtsstaatlichen Handelns

1 Grundlage und Schranke staatlichen Handelns ist das Recht. 2 Staatliches Handeln muss im öffentlichen Interesse liegen und verhältnismässig sein. 3 Staatliche Organe und Private handeln nach Treu und Glauben. 4 Bund und Kantone beachten das Völkerrecht.

Art. 5a Subsidiarität

Bei der Zuweisung und Erfüllung staatlicher Aufgaben ist der Grundsatz der Subsidiarität zu beachten.

Art. 6 Individuelle und gesellschaftliche Verantwortung

Jede Person nimmt Verantwortung für sich selber wahr und trägt nach ihren Kräften zur Bewältigung der Aufgaben in Staat und Gesellschaft bei.

Klar und allgemein verständlich ist nicht nur der 1. Titel mit den allgemeinen Bestimmungen, sondern auch der 2. Titel: Grundrechte, Bürgerrechte und Sozialziele, der die Artikel 7 bis 41 umfasst.

Art. 7 Menschenwürde
Die Würde des Menschen ist zu achten und zu schützen.

Wer nach „Würde" im B-VG sucht, wird „würde" nur als Konjunktiv von „werden" finden. Die Würde des Menschen hat Österreich erst 2009 mit der *Charta der Grundrechte der Europäischen Union* in den Verfassungsrang gehoben, wo es heißt:

Artikel 1 Die Würde des Menschen ist unantastbar. Sie ist zu achten und zu schützen.

Ganz ähnlich der Wortlaut des *Artikel 1 des Grundgesetzes für die Bundesrepublik Deutschland*

(1) Die Würde des Menschen ist unantastbar. Sie zu achten und zu schützen ist Verpflichtung aller staatlichen Gewalt.

(2) Das Deutsche Volk bekennt sich darum zu unverletzlichen und unveräußerlichen Menschenrechten als Grundlage jeder mensch-

lichen Gemeinschaft, des Friedens und der Gerechtigkeit in der Welt.

(3) Die nachfolgenden Grundrechte binden Gesetzgebung, vollziehende Gewalt und Rechtsprechung als unmittelbar geltendes Recht.

Untrennbar verbunden mit der Würde des Menschen sind die Grundwerte Freiheit und Gerechtigkeit. Nicht Freiheit und Sicherheit, und auch nicht Freiheit und Gleichheit. Gemäß Rousseau muss man sich die natürliche Freiheit am Anfang der Menschheitsgeschichte als „primitive Unabhängigkeit" vorstellen und die Menschen hatten „von Natur aus keine Feinde". Erst mit dem Zusammenschluss der Menschen zu Gemeinschaften wurde es notwendig die ursprüngliche Freiheit zu beschränken, den subjektiven Willen mit dem allgemeinen Willen in Einklang zu bringen - und dafür braucht es den Gesellschaftsvertrag.

„Auf seine Freiheit zu verzichten bedeutet, die menschlichen Eigenschaften, die Menschenrechte und sogar -pflichten aufzugeben. Für den, der auf alles verzichtet, ist keine Entschädigung möglich. Ein solcher Verzicht ist mit der Natur [Anm.: mit dem Wesen] des Menschen unvereinbar; und wer alle Freiheit seines Willens nimmt, nimmt seinen Handlungen jede Sittlichkeit." (Gesellschaftsvertrag, 19 f)

Man muss heute, angesichts des Überflusses in der Konsumgesellschaft präzisieren: man kann nicht auf das ideelle Gut der Freiheit verzichten, wohl aber auf sehr viele materielle Güter. Freiheit kann dem Volk nicht geschenkt werden. Und man kann sich die Freiheit nicht so nehmen, wie sich die Ur-Menschen laut Rousseau den Freiraum genommen haben, den sie eroberten; gewaltfrei, weil genug Raum für jeden war und es damit „von Natur aus keine Feinde" gab. Man konnte Freiheit bekommen, indem man sich Freiraum genommen hat.

Heute kann man Freiheit nur bekommen, indem man täglich versucht sie zu verwirklichen. Gemäß der Präambel der Schweizer Verfassung ist *„gewiss, dass frei nur ist, wer seine Freiheit gebraucht, und dass die Stärke des Volkes sich misst am Wohl der Schwachen"*. Die Schweizerische Verfassung findet mit dieser Formulierung zu einem philosophischen Verständnis von Freiheit und geht in zahlreichen Artikeln noch weiter, indem der abstrakte Begriff der Freiheit durch die Aufzählung konkreter Freiheiten präzisiert wird. So gewährleistet die Schweizerische Verfassung das *Recht auf Leben und auf persönliche Freiheit, Glaubens- und Gewissensfreiheit, Meinungs- und Informationsfreiheit, Medienfreiheit, Sprachenfreiheit, Wissenschaftsfreiheit, Kunstfreiheit, Versammlungsfreiheit, Vereinigungsfreiheit, Niederlassungsfreiheit, Wirtschaftsfreiheit, Koalitionsfreiheit.* Abschließend enthält diese Verfassung auch Regelungen im Falle des Freiheitsentzuges.

Im *3. Titel: Bund, Kantone und Gemeinden* (Artikel 42 bis 135) wird die Verfassung der Schweiz detailverliebt, bleibt aber in allen Bestimmungen immer prägnant, verständlich und vor allem effizient. Hier weist die Verfassung die Richtlinien für die wichtigsten Lebensbereiche:

Verhältnis von Bund und Kantonen, Beziehungen zum Ausland, Sicherheit, Landesverteidigung, Zivilschutz, Bildung, Forschung und Kultur, Umwelt und Raumplanung, Öffentliche Werke und Verkehr, Energie und Kommunikation, Wirtschaft, Wohnen, Arbeit, soziale Sicherheit und Gesundheit, Aufenthalt und Niederlassung von Ausländerinnen und Ausländern, Zivilrecht, Strafrecht, Finanzordnung.

Schweiz und Österreich im direkten Vergleich:

Schweiz: *Art. 84 Alpenquerender Transitverkehr*
1 Der Bund schützt das Alpengebiet vor den negativen Auswirkungen des Transitverkehrs. Er begrenzt die Belastungen durch den Transitverkehr auf ein Mass, das für Menschen, Tiere und Pflanzen sowie ihre Lebensräume nicht schädlich ist.
2 Der alpenquerende Gütertransitverkehr von Grenze zu Grenze erfolgt auf der Schiene. Der Bundesrat trifft die notwendigen Massnahmen. Ausnahmen sind nur zulässig, wenn sie unumgänglich sind. Sie müssen durch ein Gesetz näher bestimmt werden.
3 Die Transitstrassen-Kapazität im Alpengebiet darf nicht erhöht werden. Von dieser Beschränkung ausgenommen sind Umfahrungsstrassen, die Ortschaften vom Durchgangsverkehr entlasten.

Österreich: *B-VG Artikel 10 Bundessache ist die Gesetzgebung und die Vollziehung in folgenden Angelegenheiten*

[...] 9 Verkehrswesen bezüglich der Eisenbahnen und der Luftfahrt sowie der Schifffahrt, soweit diese nicht unter Art.11 fällt; Kraftfahrwesen; Angelegenheiten der wegen ihrer Bedeutung für den Durchzugsverkehr durch Bundesgesetz als Bundesstraßen erklärten Straßenzüge außer der Straßenpolizei; Strom- und Schifffahrtspolizei, soweit sie nicht unter Art.11 fällt; Post- und Fernmeldewesen; Umweltverträglichkeitsprüfung für Bundesstraßen und Eisenbahn-Hochleistungsstrecken, bei denen mit erheblichen Auswirkungen auf die Umwelt zu rechnen ist;

Wie wichtig die regelmäßige Runderneuerung einer Verfassung ist, beweisen die Schweizer in Artikel 119 mit einem Thema, an das Hans Kelsen und seine Zeitgenossen nicht gedacht haben, genauer gesagt nicht denken konnten. Selbst der Autor H.G. Wells hatte 1895, als er seinen Roman „Die Zeitmaschine" veröffentlichte keine Ahnung von Gentechnik und hat die genetische Spaltung der menschlichen Gattung in friedliche Eloi und mordende Morlocks in die ferne Zukunft des Jahres 802701 verlegt. Doch schon heute, 2020, sind die Planung von Designer-Babies und transhumanistische Forschung am ewigen Leben keine Science-Fiction sondern Realität und grundsätzliche Regelungen daher unabdingbar. Die Schweizer haben daran bereits gedacht:

Art. 119 Fortpflanzungsmedizin und Gentechnologie im Humanbereich

1 Der Mensch ist vor Missbräuchen der Fortpflanzungsmedizin und der Gentechnologie geschützt. 2 Der Bund erlässt Vorschriften über den Umgang mit menschlichem Keim- und Erbgut. Er sorgt dabei für den Schutz der Menschenwürde, der Persönlichkeit und der Familie und beachtet insbesondere folgende Grundsätze: a. Alle Arten des Klonens und Eingriffe in das Erbgut menschlicher Keimzellen und Embryonen sind unzulässig. b. Nichtmenschliches Keim- und Erbgut darf nicht in menschliches Keimgut eingebracht oder mit ihm verschmolzen werden.

Sogar im Wirtschaftsbereich erlaubt sich das gewöhnlich als

liberal geltende Land bei Bedarf Eingriffe des Staates. Der Artikel 95 ermöglicht sowohl Eingriffe in die privatwirtschaftliche Erwerbstätigkeit als auch in das Aktienrecht. Mit Artikel 96 regelt der Bund Eingriffe in die Wettbewerbspolitik!

Art. 95 Privatwirtschaftliche Erwerbstätigkeit

[…] 3 Zum Schutz der Volkswirtschaft, des Privateigentums und der Aktionärinnen und Aktionäre sowie im Sinne einer nachhaltigen Unternehmensführung regelt das Gesetz die im In- oder Ausland kotierten Schweizer Aktiengesellschaften nach folgenden Grundsätzen:

a. Die Generalversammlung stimmt jährlich über die Gesamtsumme aller Vergütungen (Geld und Wert der Sachleistungen) des Verwaltungsrates, der Geschäftsleitung und des Beirates ab. Sie wählt jährlich die Verwaltungsratspräsidentin oder den Verwaltungsratspräsidenten und einzeln die Mitglieder des Verwaltungsrates und des Vergütungsausschusses sowie die unabhängige Stimmrechtsvertreterin oder den unabhängigen Stimmrechtsvertreter. Die Pensionskassen stimmen im Interesse ihrer Versicherten ab und legen offen, wie sie gestimmt haben. Die Aktionärinnen und Aktionäre können elektronisch fernabstimmen; die Organ- und Depotstimmrechtsvertretung ist untersagt.

b. Die Organmitglieder erhalten keine Abgangs- oder andere Entschädigung, keine Vergütung im Voraus, keine Prämie für Firmenkäufe und -verkäufe und keinen zusätzlichen Berater- oder Arbeitsvertrag von einer anderen Gesellschaft der Gruppe. Die Führung der Gesellschaft kann nicht an eine juristische Person delegiert werden.

Art. 96 Wettbewerbspolitik

1 Der Bund erlässt Vorschriften gegen volkswirtschaftlich oder sozial schädliche Auswirkungen von Kartellen und anderen Wettbewerbsbeschränkungen.

2 Er trifft Massnahmen: a. zur Verhinderung von Missbräuchen in der Preisbildung durch marktmächtige Unternehmen und Organisationen des privaten und des öffentlichen Rechts; b. gegen den unlauteren Wettbewerb.

4. Titel: Volk und Stände (Artikel 136 bis 142) behandelt die politischen Rechte, insbesondere Referenden.

5. Titel: Bundesbehörden (Artikel 143 bis 191c) beinhalten Wahlrechts- und Verwaltungsbestimmungen.

6. Titel: Revision der Bundesverfassung enthält neben rein bürokratischen Übergangsbestimmungen eine wichtige Grundsatzentscheidung im letzten *Artikel 197 1. Die Schweiz tritt der Organisation der Vereinten Nationen bei.* Der Beitritt der Schweiz in die vereinten Nationen erfolgte im September 2002 nach einer Volksabstimmung, naturgemäß.

Österreich und Schweiz eint ihre Lage als Alpenrepubliken im Zentrum Europas, das Adelsgeschlecht der Habsburger stammt aus der Schweiz und beide Länder bekennen sich zur immerwährenden Neutralität. Österreich hat 8,85 Millionen, die Schweiz 8,54 Millionen Einwohner. Doch Österreich ist mit 83.879 Quadratkilometern doppelt so groß wie die Schweiz. So ist verständlich, dass sich die Schweizer wehren, wenn Österreich ein Stück von der Schweiz haben will, so wie 1813. Aber die Schweizer wehren sich auch wenn sie etwas geschenkt bekommen. So geschehen bei der Volksabstimmung der Vorarlberger 1919, die damals mit einer Mehrheit von 80 Prozent für einen Beitritt zur Schweizerischen Eidgenossenschaft gestimmt haben. Doch die Schweizer wollten keinen weiteren Kanton, wohl aus Angst vor einer möglichen Übermacht der Katholiken.

Der große Unterschied zu Österreich ist die direkte Demokratie, die schon in der Schweizer Verfassung von 1848 verankert war und 1874 weiter ausgebaut wurde. Der Politologe Stefan Lehne verweist darauf, dass dieses Modell auf Österreich nicht übertragbar ist: „Anders als Uhren und Schokolade ist direkte Demokratie kein Exportprodukt. [...] Regelmäßige Volksabstimmungen sind in der Schweiz das notwendige dynamische Gegengewicht zu einem überaus statischen Regierungssystem. In Österreich dagegen können Wahlen zum Nationalrat tiefgehende politische Neuorientierungen bewirken. [...] ohne die spezifischen Umstände der Schweiz weist direkte Demokratie erhebliche Risiken auf. Das Brexit-Referendum ist das beste Beispiel, wie eine Abstimmungskampagne zu einem politischen Schaukampf degenerieren kann, in dem Sachargumente auf der Strecke bleiben. Faktisch sind nur Parteien, große Lobbys und Medien in der Lage, Volksabstimmungen zu lancieren." (Der Standard, 10.11.2017)

Diese skeptische Analyse zeigt, dass sich die Menschheit als Ganzes und jeder Mensch als Individuum in den vergangenen hundert Jahren in zwei unterschiedlichen Geschwindigkeiten entwickelt hat. Das eine ist die technische Entwicklung: vom ersten Atlantikflug bis zu den Billigfliegern, von der einzigartigen Titanic bis zur Invasion der Kreuzfahrtschiffe auf den Ozeanen, von der ersten Transatlantik-Telefonleitung bis zum Internet, von der Schreibmaschine bis zum Notebook. Das andere ist die Welt der Politik, Gesellschaftspolitik wie Staatspolitik, die in den vergangenen hundert Jahren bestenfalls im Stillstand verharrt ist.

Das Ideal der Demokratie ist weit weg von dem, was wir in den real existierenden Demokratien täglich erleben. Hier soll nicht nur von den fehlenden Persönlichkeiten in der Politik und vom Stil der Politiker dieses Jahrhunderts die Rede sein. Es geht auch um fehlende Visionen. Wer Visionen hat gehört in die Psychiatrie, nicht in die Politik, meinte Ex-Kanzler Franz Vranitzky.

Immerhin dürfen Visionäre in der Technik Erfolge feiern. Ist es da nicht absurd, dass trotz der heutigen technischen Möglichkeiten die Wähler an jedem Wahlsonntag lediglich ein Kreuzerl auf ein Blatt Papier malen um dem Willen des Volkes Ausdruck zu verleihen?

Im Jahr 2020 besitzt jeder Bürger ein Smartphone als ständigen Begleiter, doch noch keine Regierung dieser Welt hat daran gedacht, dieses Gerät mit einer Wahl-App, Demokratie-App und Bürger-App zu bestücken, über die regelmäßig Abstimmungen und Volksbefragungen durchgeführt werden könnten. Möglich wäre auch Meinungsaustausch von Mensch zu Mensch, oder wie die Generation Internet sagen würde: P2P, peer to peer. Positiver Nebeneffekt: spekulative und manipulative Meinungsumfragen könnten damit überflüssig werden. Die Digitalisierung könnte zu mehr direkter Demokratie beitragen und sogar zu einer besseren Form direkter Demokratie führen, als sie die Schweiz bislang praktiziert hat.

Hier werden Kämpfer für Datenschutz und Menschenrechte darauf hinweisen, dass dies zur totalen Überwachung und Kontrolle führt, schlimmer als die des „großen Bruders" in George Orwells Roman „1984". Diese Freiheitskämpfer übersehen, dass die totale Überwachung heute schon stattfindet, vor allem durch die US-Konzerne Google, Facebook, Apple und Microsoft. Ohne demokratische Legitimierung! So werden wir seit kurzem gezwungen, Online-Banking über Security-Apps abzuwickeln, die ausschließlich über Portale von Apple oder von Google laufen. Ein „Sicherheitsprojekt" im Interesse amerikanischer Konzerne, verordnet direkt von der EU – und keine Bürgerrechtsbewegung hat protestiert.

Eine Bürger-App würde zumindest grundsätzlich die Chance bieten (insbesondere auf Basis einer künftigen Verfassung, in der die Gefahren der Digitalisierung begrenzt werden), dass vorab demokratisch geregelt wird, wie sie zu nutzen ist und wer die Daten auswerten darf.

Wenn man verschiedene Bürger-App nicht (nur) zur Kontrolle, sondern vor allem zur demokratischen Entscheidungsfindung nutzen würde, dann wäre es dank künstlicher Intelligenz und laufender Verfeinerung der Befragungsmethoden in Zukunft möglich, den „allgemeinen Willen" im Sinne Rousseaus zu ermitteln. Nicht nur für eine einmalige Zustimmung zum Gesellschaftsvertrag, sondern in der täglichen Gesetzgebung.

Falls auch die Technik der Zukunft daran scheitern sollte, den allgemeinen Willen zu er-fassen, so besteht immer noch die Notwendigkeit, den Willen des Volkes zu ver-fassen. Denn eine allgemein verständliche Verfassung ist die Bedingung der Möglichkeit jeglicher Politik, die nicht auf einem höheren Willen basiert oder nach dem Prinzip der Willkür eines Herrschers oder einer Partei regiert.

Epilog

Das vorliegende Buch kann als Einführung in die Verfassung Österreichs gelesen werden, wenn man nur *die ausgewählten, kursiv geschriebenen Verfassungsartikel* liest und alle Kommentare und Kritiken ausblendet. Der Leser hat nun einen Überblick über alle Themen der Verfassung, die gesellschaftspolitisch und historisch von Relevanz sind und kann sich damit eine eigene Meinung über Form und Inhalt des B-VG bilden; und auch darüber, was nicht Inhalt der Verfassung ist.

Mit Sicherheit haben Sie sich bei der Lektüre des Buches öfter die Frage gestellt, ob es möglich ist das B-VG zu reformieren. Darauf gibt es nur eine Antwort: Nein.

Ich bin der Überzeugung, dass Österreich eine neue Verfassung braucht, die eine Grundlage für die Politik und die wirtschaftliche Entwicklung unserer Gesellschaft im 21. Jahrhunderts bildet. Mit einer Verfassung, die dem Geiste des 20. und des 19. Jahrhunderts verhaftet ist, wird das nicht gehen.

Dieses Buch ist kein Beitrag zur juristischen Interpretation der bestehenden Verfassung, sondern ein Aufruf zur radikalen Erneuerung. Man kann auch sagen, ein Aufruf zur Revolution, wenn man die Verfassung von 1920 mit dem Ziel, die Monarchie endgültig abzuschaffen, als Revolution bezeichnen kann. Jedenfalls wäre eine Reform der bestehenden Verfassung Österreichs nur die Fortsetzung des bestehenden Flickwerks.

Mit dem Österreich-Konvent (unter ÖVP-Bundeskanzler Schüssel) wurde 2003 ein Reform-Prozess eingeleitet und Anfang 2005 abrupt abgebrochen; gescheitert am Widerstand der Partei-Interessen, der Länder-Interessen, der Sozialpartner-Interessen. Die Interessen der Gesellschaft sind dabei auf der Strecke geblieben, obwohl Franz Fiedler als Präsident des Österreich-Konvents engagiert für die Umsetzung von Reformen gekämpft hat.

Der Österreich-Konvent musste auch deshalb scheitern, weil die Verfassung nicht einfach entstaubt und wie ein frisch polierter Schrank danach wieder genutzt werden kann. Das mag bei einem hübschen Biedermeierschrank gelingen. Doch die Verfassung ist ein Wandschrank, der in den vergangenen 100 Jahren ausgebaut wurde, mit den jeweils neuesten Materialien und nach dem gängigen Geschmack. Diesen Schrank kann man nicht mehr weiter behübschen, auch nicht zurückbauen, den kann man nur noch entsorgen. Wenn wir dazu entschließen können, wird aus Österreich ein Ideenreich, ein Pionier der politischen Erneuerung, auf den die Welt schaut, wie heute auf seine Aushängeschilder in Musik, Kunst und Literatur.

Der neuen Verfassung muss eine „Disruption" vorausgehen, um ein aktuelles Modewort der Wirtschaft zu verwenden (Schumpeter nannte es „schöpferische Zerstörung"), denn es gibt keinen Grund, den Geist des Jahres 1920 bis ans Ende aller Zeiten zu perpetuieren.

Adamovich/Funk haben auf die grundlegenden Schwächen der bestehenden Verfassung Österreichs hingewiesen: „Eine Pflicht zur Konzentration des formellen Bundesverfassungsrechts auf ein geschlossenes Gesetzeswerk besteht nicht [...] Wie aus Art 44 Abs 1 und Art 50 Abs 3 B-VG hervorgeht kann vielmehr das formelle Verfassungsrecht des Bundes auf verschiedene 'Verfassungsgesetze', 'verfassungsändernde' Staatsverträge und einzelne 'Verfassungsbestimmungen' in Gesetzen und Staatsverträgen verteilt sein. Darin liegt der Keim einer – in rechtspolitischer Hinsicht wenig erfreulichen – Zersplitterung der Textquellen des formellen Bundesverfassungsrechts." (Verfassungsrecht, 7)

Es bestätigt meinen Pessimismus, wenn ich zur Kenntnis nehmen muss, dass die fundamentale Kritik des führenden Verfassungsexperten des Landes (Ludwig Adamovich war 1984 bis 2002 Präsident des Verfassungsgerichtshofes) von den politischen Parteien des Landes bislang konsequent ignoriert wurde.

Ich bin Pessimist aus Erfahrung, aber Optimist aus Prinzip. Deshalb glaube ich, dass die Mehrheit des Volkes aufgeklärt genug ist zu erkennen, dass die bestehende Verfassung keine geeignete Grundlage für die Entwicklung dieses Landes im 21. Jahrhundert sein kann. „Österreich ist abgesandelt", behauptete Ex-WKÖ-Präsident Christoph Leitl. Wenn wir in den nächsten

Jahren nicht weiter versandeln wollen, dann brauchen wir ein tragfähiges Fundament, eine von Grund auf neue und innovative Verfassung.

Die neue Verfassung muss mit der Klärung beginnen, welche Demokratie wir eigentlich wollen. Man spricht heute generalisierend über „die Demokratie", obwohl allein in der EU nach dem Brexit in 27 Staaten 27 unterschiedliche Formen der Demokratie mit eigenen Verfassungen bestehen. Noch größer sind die Unterschiede global betrachtet, von Japan über Indien bis Russland, von Südafrika bis Ägypten, von Chile bis Kanada. Aufgrund dieser Unterschiede scheint die Frage „Was ist Demokratie?" nicht beantwortbar. Bleibt das Bonmot von Winston Churchill als Minimalkonsens: „Die Demokratie ist die schlechteste aller Staatsformen, ausgenommen alle anderen."

Der Artikel 1 B-VG ist der österreichische Minimalkonsens, dass Demokratie den Willen des Volkes umsetzen soll. Ich erinnere an die Prämisse von Rousseau: Der allgemeine Wille (also der Wille des Volkes) ist die Bedingung der Möglichkeit jeder politischen Entscheidung. Das Mehrheitsprinzip mit seinen unterschiedlichen wahlarithmetischen Verfahren zur Bestimmung der Volksvertreter ist die übliche Form der Annäherung an den allgemeinen Willen. Die Schweiz gilt mit ihrer direkten Demokratie als Vorbild, nutzt aber die technischen Möglichkeiten der Digitalisierung genauso wenig wie alle anderen Demokratien dieser Welt. Die Idee einer Demokratie-App ist eine erste Anregung, wie Politik im 21. Jahrhundert aussehen könnte. Das 21. Jahrhundert braucht eine Politik 4.0, die aktiv die Möglichkeiten der Digitalisierung aufgreift, nicht nur reaktiv reguliert. Demokratie 4.0 ist eine Weiterentwicklung der direkten Demokratie. Die Grundlagen dafür müssen in der Verfassung gelegt werden.

Eine weitere Grundlage ist die Auseinandersetzung mit den Grundwerten, die die Würde des Menschen gewährleisten sollen. Dazu gehört ihre Abgrenzung von Werten, die im täglichen Leben ebenso eine Rolle spielen, aber nicht so großes Gewicht haben. In Moral 4.0 unterscheide ich deshalb zwischen Grundwerten wie Freiheit und Gerechtigkeit und Gebrauchswerten (Tugenden) wie Sparsamkeit und Großzügigkeit.

Die neue Verfassung muss klären, wie die Demokratie im Zeitalter der Globalisierung weiter entwickelt werden soll; wie sich Österreich als neutrales Land innerhalb der Europäischen Union positionieren soll; wie die Schere zwischen Arm und Reich wieder geschlossen werden kann und wie wir mit veränderten Alterspyramiden umgehen sollen.

Die neue Verfassung muss klären, ob die Parteien, die zur Geburtsstunde der demokratischen Republik von größter Bedeutung waren, auch im 21. Jahrhundert das Land allein regieren sollen. Nur durch das B-VG konnte in Österreich die Parteiendemokratie zur Diktatur der Parteien werden. I have a dream: Nicht die Parteien in ihrer Einfalt und Ideenlosigkeit, sondern die Menschen in ihrer Vielfalt und Kreativität sollen das Land regieren! Yes, we can!

Am Ende muss jede Verfassung ihr eigenes Ablaufdatum bekannt geben, denn Ablaufdaten sollten künftig für alle Gesetze gelten. Ob das Ablaufdatum ein Jahr beträgt wie bei Budgetgesetzen oder 70 Jahre wie beim Urheberrecht, muss in jedem Einzelfall geprüft und beschlossen werden. Für eine neue Verfassung würde ich ein Ablaufdatum von 30 Jahren ansetzen, denn jede Generation sollte über die Grundlagen ihrer Demokratie nachdenken.

Trotz Schnelllebigkeit sind 30 Jahre die Zeit, die ein Mensch braucht, um zu einem Erwachsenen heranzureifen. „Erwachsener" ist in dem Kontext ein idealistischer Begriff, kein soziologischer oder juristischer. Angesichts der Schnelllebigkeit unserer Zeit wäre die regelmäßige Anpassung oder Neufassung von Gesetzen ein Zeichen einer erwachsenen Demokratie. So wie Updates hoch entwickelter Softwaresysteme bei laufendem Betrieb möglich sind, so muss sich die Demokratie 4.0 laufend erneuern. In Moral 4.0 habe ich deshalb Veränderung als Grundwert postuliert.

Natürlich können sich in der neuen Verfassung Werte und Richtlinien wiederfinden, die sich in vergangenen Jahrhunderten bewährt haben, doch es muss das Ziel sein, Altes und Bewährtes so zu integrieren, dass damit die Herausforderungen der Gegenwart und der Zukunft nicht in den Hintergrund gedrängt werden. Diese Verfassung muss so einfach formuliert werden, dass sie jeder verstehen kann, und so interessant, dass sie jeder lesen will! Dazu gehört, dass sie kurz und prägnant ist. Statt 550 Seiten sollten 50 Seiten genügen! Die Erstellung eines derartig fundamentalen Dokuments wird ein langwieriger Prozess.

Der Bundespräsident dieses Landes hätte das moralische Gewicht und neben seiner Repräsentationsaufgaben hoffentlich auch die Zeit das PROJEKT VERFASSUNG NEU zu initiieren und zu moderieren. Doch letztlich muss gemäß der bestehenden Verfassung der Souverän, also das Volk, diesen Prozess durchführen mit einer Volksabstimmung abschließen.

Es ist schwer vorstellbar, dass ein Bundespräsident, der seine Karriere dem bestehenden System verdankt, so eine Initiative in Angriff nimmt. Bei aller Redlichkeit, die man den bisherigen österreichischen Bundespräsidenten konzedieren kann, waren doch alle bisherigen Präsidenten der 2. Republik langjährige Mitglieder der Parteien und der Apparate. Und Apparatschiki waren in der Geschichte noch nie Menschen, die Innovationen und Veränderungen angestoßen hätten.

Als einfacher Bürger dieses Landes, Philosoph aus Passion und Unternehmer aus Überzeugung, habe ich mich in den vergangen 30 Jahren mit Worten und Taten für mehr Gerechtigkeit und Freiheit eingesetzt, war nie Mitglied einer Partei aber immer politisch engagiert. Ich betrachte daher dieses Buch als Bewerbungsschreiben für das Amt des Bundespräsidenten.

Es gehört zur schlechten Tradition einer österreichischen Präsidentschaftswahl, dass sich bis zuletzt kein Kandidat und keine Kandidatin aus der Deckung wagt. Alle wissen: Wer zuerst aufzeigt wird auch zuerst abgeschossen. Ich habe jedoch nicht die geringste Absicht solche lieb gewordenen Spielchen der Realverfassung dieses Landes mitzumachen. Ich habe nichts zu verlieren, es geht mir nicht um einen Posten, sondern um ein alternatives Angebot für die Bürger dieses Landes.

Das Angebot, einen Menschen zu wählen, der Anliegen aus der Zivilgesellschaft kennt, anhört und bereit ist, diesen eine Stimme zu geben. Das Angebot, anstelle eines obersten Repräsentanten Österreichs, der wie ein Ersatzkaiser agiert, einen Präsidenten zu wählen, der sich als erster Diener dieses Landes für seine Mitbürger einsetzen will. Das Angebot, einen Menschen aus dem Volk zu wählen, dessen Maxime darin besteht, andere Menschen durch Inhalte und nicht durch feingeschliffene, oberflächliche Rhetorik zu überzeugen.

Die Inhalte, konkret die Themen, mit denen ich mich in den vergangenen 20 Jahren beschäftigt habe, die Projekte, die ich verwirklicht habe, meine Überzeugungen, die ich dabei gewonnen habe – all das findet sich völlig transparent auf meiner Webseite www.ethos.at. Noch nie zuvor hat ein Präsidentschaftskandidat seine Weltanschauung und seine Absichten so offen und für jedermann zugänglich kommuniziert. Damit will ich den Beweis erbringen, dass Veränderungen in diesem Land möglich sind. Die Stelle soll planmäßig 2022 wieder „ausgeschrieben" werden. Ich hoffe, wir sehen uns dann.

Ich bin so naiv zu glauben, dass man mit einem Buch etwas verändern kann. Dass dieses „Bewerbungsschreiben" Angriffs-flächen bietet (falls es in der breiten Öffentlichkeit überhaupt bemerkt und von den Massenmedien nicht ignoriert wird) ist mir klar. So naiv bin ich auch wieder nicht!

Literatur

Abgesehen von „B-VG", „Grundriß", „Verfassungsrecht" und „Politgebiete" sowie den online abrufbaren Dokumenten des Österreich-Konvents ist die folgende Literaturliste keine Auswahl von Fachliteratur zur Österreichischen Verfassung. Es sind Bücher, die ich in den vergangen zwei Jahren gelesen habe und die meine Überlegungen und Kommentare zur Verfassung somit beeinflusst haben könnten.

Als moderner Autor arbeite ich **crossmedial.** Ich kann meinen Lesern aber keinen Avatar ins Wohnzimmer senden, sondern lediglich zu jenen Büchern einen **Link auf ethos.at** anbieten, über die ich einen Kommentar, bestenfalls eine Kritik (wenn mir dies im Geiste von Immanuel Kant gelungen ist) verfasst habe. Das Wort „Rezension" mag ich nicht, weil es mich an „Zensur" erinnert; diese wurde mit dem Grundgesetz 1867 (Artikel 13) abgeschafft:

Jedermann hat das Recht, durch Wort, Schrift, Druck oder durch bildliche Darstellung seine Meinung innerhalb der gesetzlichen Schranken frei zu äußern.

B-VG. Die österreichische Bundesverfassung. Bundes-Verfassungsgesetz in der gegenwärtigen Fassung mit wichtigen Nebenverfassungsgesetzen herausgegeben von Christoph Grabenwarter und Brigitte Ohms, 13. Auflage, Taschenbuchausgabe Manz, Wien 2014. (Alle Zitate im vorliegenden Buch wurden aus dem Rechtsinformationssystem des Bundes www.ris.bka.gv.at übernommen.)

Robert **Walter** / Heinz **Mayer**, Grundriß des österreichischen Bundesverfassungsgesetzes, Wien 1978

Ludwig K. **Adamovich** / Bernd-Christian **Funk**, Österreichisches Verfassungsrecht (Dritte, neubearbeitete Auflage), Wien 1985

Dokumente des **Österreich Konvents**
http://www.konvent.gv.at

Thilo **Bode**, Die Diktatur der Konzerne. Wie globale Unternehmen uns schaden und die Demokratie zerstören, Frankfurt 2018. Siehe auch: **ethos.at/Bode**

Bundesverfassung der Schweizerischen Eidgenossenschaft vom 18. April 1999, www.admin.ch/opc/de (abgerufen 29.11.2019)

Angus **Deaton**, Der große Ausbruch. Von Armut und Wohlstand der Nationen. Stuttgart 2017. Siehe auch: **ethos.at/Deaton**

ESM, Europäischer Stabilitätsmechanismus de.wikipedia.org/wiki/Europäischer_Stabilitätsmechanismus (abgerufen 29.11.2019)

Helmut **Fallmann**, Gegen den Verfall. Wie die Digitalisierung Europa retten muss, Wien 2016. Siehe auch: **ethos.at/Digitalisierung**

Nial **Ferguson**, Der Niedergang des Westens. Wie Institutionen verfallen und Ökonomien sterben, Berlin 2014

Peter **Filzmaier**, Der Zug der Lemminge. Heute stehen wir am Abgrund, morgen sind wir einen Schritt weiter, Salzburg 2010. Siehe auch: **ethos.at/Filzmaier**

Michael **Fleischhacker**, Die Zeitung. Wien, 2014

Wolfgang **Freisleben**, Das Amerika Syndikat. Wie die souveränen Staaten Europas zur Kolonie der USA verkommen, München 2017

Egon **Friedell**, Kulturgeschichte der Neuzeit, Zürich 2009 Siehe auch: **ethos.at/Friedell**

Egon **Friedell**, Im Schattenwerk der Gedanken. Ausgewählte Essays, Zürich 2009

Grundgesetz für die Bundesrepublik Deutschland https://www.gesetze-im-internet.de/ (abgerufen am 29.11.2019)

Vaclav **Havel**, Versuch, in der Wahrheit zu leben, Reinbek bei Hamburg, 1990. Siehe auch: **ethos.at/Havel**

Michael **Hudson**, Der Sektor. Warum die globale Finanzwirtschaft uns zerstört, Stuttgart 2016

Neil **Irwin**, Die Alchemisten. Die geheime Welt der Zentralbanker. Berlin 2013

Immanuel **Kant**, Zum ewigen Frieden (Ausgabe 1995)

Immanuel **Kant**, Beantwortung der Frage: Was ist Aufklärung? (Ausgabe 1995)

Immanuel **Kant**, Idee zu einer allgemeinen Geschichte in weltbürgerlicher Absicht (Ausgabe 1995)

Hans **Kelsen**, Wesen und Wert der Demokratie, Vortrag vom 5.11.1919; JBI 1919, 378 ff.

Daniela **Kickl**, Lieber Cousin Herbert... , Norderstedt 2018

Henry **Kissinger**, Weltordnung, München 2016. Siehe auch: **ethos.at/Kissinger**

Karl **Kraus**, Ich bin der Vogel, den sein Nest beschmutzt. Aphorismen, Sprüche und Widersprüche, Wiesbaden 2007

Bruno **Kreisky**, Zwischen den Zeiten. Erinnerungen aus fünf Jahrzehnten, Wien 1986. Siehe auch: **ethos.at/Kreisky**

Bernhard **Kreutner**, Geld stinkt! Ein Polit-Thriller, Wien 2011

Erich J. **Kreutzer**, Obama. President & Kahuna? Wien 2013

Robert **Kriechbaumer**, Zeitenwende. Die SPÖ-FPÖ Koalition 1983-1987. Wien 2008

Stefan **Lehne**, Warum Österreich nicht die Schweiz werden kann, Der Standard, 10.11.2017

Karl **Lengheimer**, Politgebiete, Einblick in die politische Wirklichkeit, Bad Traunstein 2012. Siehe auch: **ethos.at/Lengheimer**

Niccolo **Machiavelli**, Der Fürst, Köln 2010

Karl **Marx**, Das Kapital. Kritik der politischen Ökonomie, Köln 2009, Ausgabe nach der zweiten Auflage von 1872.

Heinz **Mayer**, Streitobjekt „Realverfassung", Der Standard, 21.7.2004

Karl-Heinz **Meier-Braun**, Schwarzbuch Migration. Die Dunkle Seite unserer Flüchtlingspolitik, München 2018. Siehe auch: **ethos.at/Migration**

Robert **Menasse**, Die Hauptstadt, Berlin 2017. Siehe auch: **ethos.at/Menasse**

Robert **Menasse**, Das war Österreich, Frankfurt 2005

Reinhold **Mitterlehner**, Haltung. Flagge zeigen in Leben und Politik, Salzburg 2019. Siehe auch: **ethos.at/Mitterlehner**

John Stuart **Mill**, Über die Freiheit, Wiesbaden 2014

The **Money Project**, www.money.visualcapitalist.com

Thomas **Morus**, Utopia, Stuttgart 2003

Robert **Musil**, Der Mann ohne Eigenschaften, Reinbeck bei Hamburg 1978. siehe auch: **ethos.at/Musil**

Christian **Neuwirth**, Alexander Van der Bellen. Ansichten und Absichten. Wien 2001

Michelle **Obama**, Becoming, New York 2018

ORF Public Value Studie (Herausgeber), Der Auftrag: Demokratie, Wien 2018

Peter **Orthofer**, Lex Minister. Eine Satire aus Österreich. Wien-München 1990

Ernst **Piper**, Nacht über Europa. Kulturgeschichte des Ersten Weltkriegs. Berlin 2013

Platon, Der Staat, Stuttgart 1980

Karl **Popper**, Die offene Gesellschaft und ihre Feinde, I und II, Bern 1980. Siehe auch: **ethos.at/Popper**

Herbert **Rauch** / Ernst **Schriefl**, Glo-c-al Balance. Der Umbau der Titanic. Norderstedt 2014 Siehe auch: **ethos.at/Titanic**

Jeremy Rifkin, Die empathische Zivilisation. Wege zu einem globalen Bewusstsein. Frankfurt am Main 2010. Siehe auch: **ethos.at/Rifkin**

Otto Hans **Ressler**, Die Verleumdung, Wien 2019

Jean-Jacques **Rousseau**, Vom Gesellschaftsvertrag oder Die Grundlagen des politischen Rechts, Leipzig 2017. Siehe auch: **ethos.at/Rousseau**

Bertrand **Russel**, Formen der Macht, Köln 2009. Siehe auch: **ethos.at/Russel**

Eugen Maria **Schulak** / Herbert **Unterköfler**, Die Wiener Schule der Nationalökonomie. Eine Geschichte ihrer Ideen, Vertreter und Institutionen, Weitra 2009

Eugen Maria **Schulak** / Rahim **Taghizadegan**, Vom Systemtrottel zum Wutbürger, Salzburg 2011

Richard **Sennet**, Verfall und Ende des öffentlichen Lebens. Die Tyrannei der Intimität, Berlin 2013

Peter **Singer**, Hunger. Wohlstand und Moral, Hamburg 2017. Siehe auch: **ethos.at/Singer**

Timothy **Snyder**, Der Weg in die Unfreiheit. Russland Europa Amerika, München 2018. Siehe auch: **ethos.at/Snyder**

Josef **Stiglitz**, Europa spart sich kaputt. Warum die Krisenpolitik gescheitert ist und der Euro einen Neustart braucht, München 2016. Siehe auch: **ethos.at/Stiglitz**

Gerhard **Strejcek**, Der unvollendete Staat. Adolf Julius Merkl und die Verfassung der Republik Deutschösterreich 1919/20, Wien 2019

Richard H. **Thaler** / Cass R. **Sunstein**, Nudge. Wie man kluge Entscheidungen anstößt, Berlin 2017. Siehe auch: **ethos.at/Thaler**

Philipp **Ther**, Die neue Ordnung auf dem alten Kontinent. Eine Geschichte des neoliberalen Europa, Berlin 2016

Henry David **Thoreau**, Vom Ungehorsam gegen den Staat, Köln 2010

Stephan **Vajda**, Felix Austria. Eine Geschichte Österreichs, Wien 1980. Siehe auch: **ethos.at/Vajda**

Voltaire, Über die Toleranz, Berlin 2015. Siehe auch: **ethos.at/Voltaire**

Christina **von Braun**, Der Preis des Geldes, Berlin 2012

Tatyana **von Leys**, Das kleine Buch zum neuen Denken: Technik und Macht = Evolution neu gedacht, Norderstedt 2018

Richard **von Weizsäcker**, Der Weg zur Einheit, München 2011. Siehe auch: **ethos.at/Weizsaecker**

H.G. **Wells**, Die Zeitmaschine, München, 2017

Heinrich **Wohlmeyer**, Globales Schafe Scheren. Gegen die Politik des Niedergangs, Wien 2006

Christian **Wulff**, Ganz oben ganz unten, München 2014

Michael **Wolffsohn**, Zum Weltfrieden. Ein politischer Entwurf, München 2015

Jean **Ziegler**, Ändere die Welt. Warum wir die kannibalische Weltordnung stürzen müssen, München 2014. Siehe auch: **ethos.at/Ziegler**

Peter **Zimmermann**, Alisya – unsterblich, Norderstedt 2018

Hubert Thurnhofer

geboren 1963, studierte 1982-1987 Philosophie an der UNI Wien. Abschluss mit der Diplomarbeit „Musil als Philosoph". 1989-1994 Lektor für Deutsch und österreichische Landes- und Kulturkunde an der Moskauer Linguistik-Universität. Danach Galerist und Journalist, 1999-2002 Chefredakteur der Nachrichtenagentur pressetext.com. Seit 2003 Galerist, Kommunikationsberater und Autor. Unternehmer aus Überzeugung (mit der Neigung zur Selbstausbeutung), Philosoph aus Passion (gefesselt von der Idee der Freiheit).

Weitere Bücher:

Glaube Hoffnung Management. Entscheidungsfindung in Unternehmen, 2009
Das Testament des Damien First. Kunstkrimi, 2013
Die Kunstmarkt-Formel, 2014
Moral 4.0, 2017

Details über den Autor dieses Buches siehe auch:
ethos.at/Biografie

Webseiten:

www.kunstsammler.at
www.thurnhofer.cc
www.ethos.at

Fragen, Anregungen und Kritiken sind willkommen!
hubert@ethos.at

Jeder Mensch hat das Recht recht zu haben.
Nicht jeder Mensch hat die Chance Recht zu bekommen.
Es gibt kein Recht auf Gerechtigkeit.
(Moral 4.0)